CRÓNICAS DE LA GUERRA CIVIL DE 1924

ERANDIQUE
COLECCIÓN

CRÓNICAS DE LA GUERRA CIVIL DE 1924
(Benjamin Welles, Froylán Turcios, Mario Ribas de Cantruy y Aro Sanso).

©Editorial Erandique 2024
Antología de: Óscar Flores López
Diseño de portada: Andrea Rodríguez-Lilyana Gálvez
Administración: Tesla Rodas y Jéssica Cordero
Director Ejecutivo: José Azcona Bocock

Segunda edición
Tegucigalpa, Honduras-febrero de 2024

CRÓNICAS DE LA GUERRA CIVIL DE 1924

ERANDIQUE

COLECCIÓN

Fotografía del libro Un soldado hondureño del escritor Gonzalo Luque.

CONTENIDO

¿Cuál habrá sido el destino de este soldado anónimo en la peor guerra civil en la historia de Honduras?

MI ABUELO PELEÓ EN LA GUERRA CIVIL DEL 24

La primera persona que me habló de la guerra civil de 1924 fue mi abuelo: Ramón López Pastor.

Con su voz pausada, muchas veces acompañado de una cerveza, me contó varios relatos de su participación en el ejército del general Vicente Tosta Carrasco.

El carismático general revolucionario ingresó triunfante a San Pedro Sula y desde ese momento, miles quedaron cautivados y se unieron a su lucha. Entre ellos, mi abuelo Ramón.

Mi abuelo apenas tenía diecisiete años cuando se subió en Potrerillos a un tren repleto de soldados que se dirigía a "conquistar" Tegucigalpa, ciudad que estaba en manos de las fuerzas de facto.

"Yo no sabía mucho de política, ni de lo que había ocurrido en las elecciones de 1923... Pero la personalidad del general Tosta nos atrajo fuertemente. Entonces decidí, junto a varios amigos, unirme a las fuerza que peleaban contra el gobierno", me contó mi abuelo.

Lo hice sin el permiso de mis padres —continuaba contando.

Muchos de los soldados del famoso general de Jesús de Otoro de Intibucá iban descalzos, otros con caites. Eso sí —agregaba mi abuelo, sin soltar la botella de la cerveza— todos llevábamos machetes, guarizamas... Faltaban armas y balas, pero sobraba valor.

A la hora del combate, aquellos batallones irregulares mostraron una ferocidad y una valentía temerarias.

Por algo, la guerra de 1924 fue la más sanguinaria en la historia de Honduras; los hospitales colapsaron y los heridos no eran atendidos y fallecían.

"Dormíamos en el monte, en las calles de los pueblos y ciudades controlados por nuestro ejército. A veces comíamos bien, hasta los tres tiempos. Mucha gente, por simpatía o por miedo, nos atendía. Hasta ese momento, la disciplina era impecable. El general Tosta no era de los que permitía medias tintas", decía mi abuelo.

Mi abuelo también me habló de los otros tres generales revolucionarios que peleaban en distintos puntos del país: Gregorio

1

Ferrera (originario, al igual que Tosta, de Jesús de Otoro); Tiburcio Carías Andino (candidato que había ganado las elecciones de 1923) y Francisco Martínez Funes, el menos conocido de todos.

La guerra fue provocada por las ambiciones de los políticos...

Como Carías Andino no obtuvo la mayoría absoluta en las elecciones, le tocaba al Congreso Nacional elegir al nuevo presidente. Al final, los diputados fueron incapaces de cumplir con su obligación, y, luego de vencerse el plazo constitucional para nombrar al nuevo mandatario, el presidente López Gutiérrez decidió quedarse en el poder.

Carías Andino, que años más tarde, de 1933 a 1949 dirigió con puño de hierro la dictadura de "encierro, destierro o entierro", abandonó Tegucigalpa a finales de enero junto a un grupo de seguidores.

Así comenzó la guerra.

"El general Goyo Ferrera era bajito, serio, con una mirada de tigre. Solo confiaba en indios de Intibucá, lo más temerarios a la hora del combate", relataba mi abuelo.

"Lo peor de la guerra fue cuando nos acercamos a Tegucigalpa. Había balacera noche y día... Se escuchaban los insultos que salían de un bando a otro, las amenazas... Muchos de mis amigos murieron en la batalla. Fue doloroso... Allí medio eran enterrados", contaba.

Yo grabé aquellos relatos de mi abuelo en unos casetes de cinta, pero lastimosamente los perdí. ¡Cuánto me duele ese extravío!

A pesar del paso del tiempo he podido conservar en mi memoria mucho de lo que él me contó; sin embargo, he olvidado varios detalles, en especial de batallas puntuales.

Gracias a los relatos de mi abuelo, siempre he tenido fascinación por la guerra del 24.

El periodista e historiador Mario Hernán Ramírez también me contó en algún momento lo que su madre, doña Petrona Paula de Jesús Ramírez, le narró sobre la guerra del 24.

"Mi madre tenía veinticinco años cuando estalló la guerra. Ella me contaba los meses de angustia que se vivieron mientras los revolucionarios iban cercando la capital. Escaseó la comida, no había energía eléctrica ni agua… Tampoco se podían comunicar con sus familiares en el interior del país pues el telégrafo únicamente era para transmitir mensajes de guerra", me contó don Mario.

Mi madre recordaba con angustia las interminables balaceras, el ruido de las ametralladoras, los gritos de terror de los heridos, los alaridos de los familiares de los muertos… Relataba que hubo saqueos, excesos tropas embrutecidas por el alcohol —me dijo don Mario.

Había algo que particularmente le provocaba muchísimo dolor a doña Petrona: la muerte de su padre, el coronel Eulalio Romero.

"Él era miembro del ejército cariísta y falleció en combate en esa guerra del 24. Ese suceso hacía llorar a mi madre… Así a la carrera fue enterrado en el cementerio general, porque también era peligroso salir a la calle por el cruce de fuego de un cerro a otro", contaba don Mario.

Mi madre también me contó que las pocas veces que salió de su casa para ir de Comayagüela a Tegucigalpa a ver si podía conseguir comida, se acurrucaba o se arrastraba para pasar por el puente Mallol porque los soldados disparaban a todo lo que se movía", decía don Mario, ganador del Premio Nacional de Literatura "Ramón Rosa" y del Premio "Álvaro Contreras" que otorga el Colegio de Periodistas de Honduras.

Doña Petrona recordaba cómo, desde los cerros El Picacho, El Berrinche, Juana Laínez y Las Crucitas "se armaba una tirazón que duraba noche y día".

Ella vivió mucho tiempo con ese trauma, y cualquier petardo que estallara le hacía recordar el terror de la guerra civil del 24 y temblaba del miedo—decía don Mario.

Según registros de la época, Tegucigalpa contaba en aquel año con 25,000 habitantes.

Doña Petrona relataba, con la voz entrecortada, el pavor de aquellos días en que un avión bombardeó la ciudad, asesinando a personas inocentes, entre ellos, varias niños.

De esa forma, Tegucigalpa se convirtió en la primera ciudad latinoamericana en ser bombardeada por un avión…

Este libro contiene seis capítulos que servirán para que aquellos

3

que no conocen mucho de lo que ocurrió durante los meses de febrero, marzo y abril de aquel año oscuro, se hagan una idea de los niveles de locura que alcanzó la guerra civil.

Usted podrá leer un relato de Froylán Turcios y dos del escritor Ismael Mejía Deras (Aro Sanso), telegramas de Relaciones Exteriores de Estados Unidos (hasta hoy desconocidos), el Diario de la Guerra del periodista español Mario Ribas de Cantruy y la narración que Benjamin Welles hace del viaje de su padre, el diplomático Sumner Welles, a Honduras, como enviado especial del gobierno estadounidense.

Agradezco el apoyo del personal de la Sala Hemerográfica del Archivo Nacional por su asistencia profesional para localizar muchas de las fotografías que aparecen en este libro; así como al apoyo del equipo de Colección Erandique (ingeniero José Azcona, Andrea Rodríguez, Juan Carlos Pagoaga, Tesla Rodas y Mirka Betanco), a Violeta Vasilopoulou y David Ruiz por la traducción del inglés al español de los telegramas y del capítulo del libro de Benjamin Welles.

Este libro ve la luz cuando faltan pocos meses para que se cumplan cien años de la guerra civil que cubrió de odio y muerte a Honduras, y se suma a otros dos publicados por Colección Erandique que tienen que ver con este tema: el Boletín de la Defensa Nacional de Froylán Turcios y el Congreso de 1924 de Gustavo Castañeda.

Espero, por el bien del país, que todos podamos aprender la lección para no cometer los mismos errores.

Óscar Flores López
Editor Colección Erandique

CRISIS EN HONDURAS 1923:

por benjamin welles

El diplomático Sumner Welles fue enviado por el presidente Coolidge a mediar entre los bandos en conflicto en la guerra civil del 24.

Tétrica imagen de cadáveres de los fallecidos en la cruenta guerra civil de 1924.

SUMNER WELLES

FDR's GLOBAL STRATEGIST

BENJAMIN WELLES

**Benjamin Welles, periodista de The New York Times, escribió
la biografía de su padre, Sumner, enviado especial del
gobierno de Estados Unidos a Honduras para mediar entre el
gobierno de facto y las fuerzas revolucionarias encabezadas
por Tiburcio Carías Andino, Vicente Tosta y Gregorio
Ferrera. De su libro extrajimos este capítulo.**

Tres semanas turbulentas

EL MANEJO HÁBIL DE WELLES de la conferencia centroamericana y su éxito en la República Dominicana le ganaron el estatus de estrella. Su elección de Latinoamérica como su campo había sido sabia; en ninguna otra área podría un diplomático de treinta y un años, por capaz que fuera, haber ascendido tan rápido. Latinoamérica "debe tener lo mejor de nuestros pensamientos... nuestras energías... nuestros hombres", escribió el subsecretario Grew en ese momento. "Debemos construir un seleccionado cuerpo de hombres jóvenes en los que podemos depender en emergencias y a quienes podemos promover a nuestros puestos de mayor responsabilidad... De estos, ninguno es de mayor importancia... que... en Latinoamérica".

Al parecer, Mathilde estaba bien informada, ya que Hughes estaba a punto de enviar a su joven solucionador de problemas para evitar otra crisis. Mientras Welles guiaba a los dominicanos hacia la independencia, Honduras había estallado en una guerra civil.

Las vidas y propiedades estadounidenses estaban en peligro, y las otras cuatro repúblicas centroamericanas instaban a Estados Unidos a unirse a ellas en otro esfuerzo de mediación en Amapala. Deseoso de nuevos laureles, Welles le escribió a Francis White que la situación en América Central era "particularmente interesante". Puede que sea demasiado tarde para utilizarlo, escribió el 24 de febrero, pero si el secretario todavía deseaba hacerlo, estaría feliz de ser informado.

"Yo, personalmente, desearía que fueran dos", respondió White, "ya que los necesitamos para el trabajo planeado en Centroamérica y, además, cuando se van de la República Dominicana, las ruedas dejan de girar".

Las esperanzas de Welles se cumplieron antes de lo esperado. El 9 de abril, tres semanas después de las elecciones dominicanas, Coolidge y Hughes ordenaron al destructor USS Richmond de Guantánamo, Cuba, a recogerlo y llevarlo al lugar de los hechos. Abordó esa noche, cablegrafió al departamento para obtener la información más reciente y sugirió que ordenara a Franklin P.

13

Morales, el ministro estadounidense en Honduras, que "coopere". Dos años de tensión con Russel en Santo Domingo le habían enseñado a Welles la necesidad de una cadena de mando clara.

Montañoso, en forma de cuña y aproximadamente del tamaño de Tennessee, Honduras había conocido poco más que luchas internas, invasiones extranjeras o ambas desde que Colón lo avistó en 1502. Su población predominantemente india de 1 millón llevaba una "vida sencilla, anticipando los muchos días festivos de la iglesia católica romana", escribió secamente una autoridad estadounidense.

Honduras, uno de los países más pobres del hemisferio, dependía para sobrevivir de las exportaciones de banano, aunque sus plantaciones más grandes pertenecían casi exclusivamente a corporaciones estadounidenses ausentes.

Mientras Welles corría hacia la escena, Honduras se acercaba al caos. En las elecciones presidenciales del otoño anterior, ninguno de los tres candidatos obtuvo la mayoría. El Congreso plagado de facciones no logró ponerse de acuerdo sobre un nuevo jefe ejecutivo y el titular, Rafael López Gutiérrez, permaneció en el cargo, ignorando los gritos de "dictadura".

El ejército se había rebelado, había tomado el control del campo y se acercaba rápidamente a Tegucigalpa, la capital. López Gutiérrez ya había muerto, pero su gabinete ultraconservador, el Consejo de Ministros, resistía en la asediada capital. Mientras tanto, Guatemala, Nicaragua, Costa Rica y El Salvador instaban a Washington a mediar con ellos en Amapala.

Sin embargo, hasta que Welles pudiera llegar e informar, Coolidge y Hughes se limitaban a prohibir las armas y los envíos, ordenar a los buques de guerra que patrullaran las costas hondureñas y desembarcar marines y chaquetas azules para proteger las vidas de los estadounidenses.

Welles había sido autorizado para mediar, sin ayuda de nadie si era necesario, pero, cuando se trataba de disputas latinoamericanas, invariablemente prefería la consulta a la acción unilateral de Estados Unidos. Por lo tanto, telegrafió a Hughes desde el destructor, proponiendo que cualquier propuesta de paz de EE. UU.

se presente "conjuntamente con todos los demás gobiernos centroamericanos, para evitar sospechas y más malentendidos".

Tres días después de partir de Santo Domingo, el USS Richmond dejó a Welles en Puerto Cortez, en la costa caribeña de Honduras. El departamento había prometido un avión para llevarlo 130 millas a través del país hasta la capital, pero al no encontrar ni un avión ni un mensaje del ministro de los EE. UU. y frente a un viaje solo a través del campo infestado de revolución, Welles telegrafió a la legación de los EE. UU. y aprendió que el avión prometido había sido tomado por los rebeldes.

Partiendo por su cuenta, abordó un tren bananero que lo dejó treinta millas tierra adentro en San Pedro de Sula, donde se encontró con Fausto Dávila, un prominente conservador hondureño a quien los generales rebeldes habían designado como su presidente provisional después de la victoria.

Ansioso por congraciarse con Welles, Dávila expresó interés en el "bienestar y desarrollo" de las compañías frutícolas estadounidenses y agradeció la "asistencia material" que estaban brindando a los rebeldes. 6 Welles tomó debida nota.

Advirtiendo a Dávila que sus esperanzas de convertirse en presidente provisional podrían ser "prematuras", Welles abordó otro tren que lo llevó veinte millas más allá, a Potrerillos. Después de algunas dificultades, encontró un Ford anticuado y un conductor para llevarlo al lago Yojoa. Después de cruzar en una lancha alquilada, llegó a Pito Solo y, después de más demora, encontró otro automóvil que lo llevó treinta y cinco millas hasta Comayagua, donde lo esperaban dos de los cuatro generales rebeldes, Vicente Tosta y Tiburcio Carías.

Insistieron en que no siguiera adelante; su coche había sido disparado cuando llegaron. Era más de medianoche y Welles no había dormido en treinta y seis horas. Después de solo tres horas de descanso, partió de nuevo a las 4 a.m. con los dos generales.

Al llegar a su cuartel general en San Juan de Flores, se enteró de los términos de un cese de hostilidades y la formación de un gobierno "provisional". Ansioso por entrar en la capital sitiada y arreglar un cese de hostilidades lo más rápido posible, partió a lomo de mula, el único transporte disponible. La visión del elegante y joven diplomático a lomos de una pequeña mula hondureña, sus largas piernas arañando el suelo, con una escolta de morenos revolucionarios colgados con pistolas y bandoleras, podría haber deleitado a sus afables amigos en París, Tokio y Buenos Aires, por no hablar del Reverendo Endicott Peabody de Groton.

Cansado y dolorido por la silla de montar, Welles llegó a la estación de radio en Toncontín, en las afueras de la capital, a las tres de la mañana siguiente. Le esperaba un mensaje de Morales. Por falta de "garantías suficientes" de su seguridad, el ministro estadounidense no pudo salir de la ciudad para reunirse con él hasta esa tarde.

Finalmente, Morales llegó con un ayudante naval y condujeron a Welles a través de disparos de rifle esporádicos hacia la capital. Su tarea inmediata era persuadir al consejo para que aceptara un cese de hostilidades y los términos establecidos por los generales insurgentes: el nombramiento de un presidente "provisional" con libertad para elegir su gabinete, la reforma de la constitución y las leyes electorales y elecciones nacionales para un presidente constitucional y un congreso.

El consejo fue "claramente hostil", cablegrafió Welles a Hughes. Después de impugnar sin éxito sus credenciales, exigió que trasladara su mediación setenta millas al norte de Amapala, donde se esperaban los delegados de las demás repúblicas centroamericanas. Mientras tanto el crucero USS Milwaukee había llegado a puerto como un lugar de encuentro "neutral".

Welles sospechó que el consejo estaba estancado, con la esperanza de que la llegada de los delegados centroamericanos lo salvara, pero sus posibilidades de supervivencia se estaban deteriorando rápidamente. Las 800 tropas que aún estaban bajo su control estaban cada vez más borrachas y desertaban en masa a medida que las columnas rebeldes se acercaban.

Corriendo para detener la lucha y comenzar las conversaciones de paz, Welles regresó al día siguiente a Toncontín, donde, después de un largo debate, persuadió a los líderes rebeldes para que se unieran a él en Amapala y negociaran la paz con los delegados del Consejo. Sin embargo, en el último minuto, el general Gregorio Ferrera, otro de los líderes insurgentes, se resistió. Sus fuerzas rodeaban la capital y no vio la necesidad de tratar con un cadáver político.

La oposición de Ferrera no podía pasarse por alto a la ligera. Un indio de pura sangre, era un héroe para la población hondureña, y un rechazo podría inyectar peligrosos matices raciales en una situación explosiva. Telegrafiando a Ferrera para reunirse con él el 20 de abril, Welles logró después de horas de discusión y apelaciones al patriotismo, una técnica favorita, en ganar la cooperación de Ferrera. Animado, envió un cable a Hughes:

"Ferrera me impresionó favorablemente. Es un hombre de reconocida integridad personal, ha mantenido siempre la más completa disciplina sobre las fuerzas bajo su mando que, como él, son todos indios, y es, asimismo, un hombre en cuya palabra se puede confiar. Lo encontré, con el General Tosta, muy solícito del bienestar de su país y dispuesto a anteponer los intereses de la República a sus ambiciones personales. No puedo decir esto de ningún otro hondureño con quien entré en contacto durante el curso de mi misión".

Siete días después de llegar a Honduras, Welles dio la bienvenida a Tosta y Carías y a dos delegados del consejo a bordo del USS Milwaukee. Sin embargo, las conversaciones se estancaron rápidamente. Los negociadores centroamericanos aún no habían llegado, a pesar de los pedidos de celeridad de Estados Unidos, y el consejo, que seguía estancado, ahora repudió su acuerdo anterior de aceptar a Tosta como presidente provisional.

Cuando Welles pasó dos días presentando nombres alternativos, el consejo intentó otro engaño, protestando desde su asediada capital de que sus dos delegados estaban siendo "impuestos indebidamente" y se les impedía comunicarse libremente. Si continuaban los intentos de "coerción" y Welles permanecía "parcial" a la facción rebelde, el consejo los retiraría. El consejo había juzgado mal a su hombre.

Frío de ira, Welles mostró el ofensivo mensaje a los delegados del consejo, quienes inmediatamente telegrafiaron a Tegucigalpa su "asombro". No habían criticado su imparcialidad, protestaron. Aprovechando el momento, Welles advirtió al consejo que, a menos que se retirara su amenaza y se recibiera una disculpa "satisfactoria" dentro de las veinticuatro horas, él se retiraría como mediador. El consejo se retractó, llegó una disculpa y Welles declaró cerrado el incidente.

Habiendo descubierto la trama del consejo, intensificó la presión para un cese de hostilidades inmediato y un acuerdo sobre Tosta como presidente provisional. No había tiempo que perder, advirtió; los ejércitos rebeldes estaban a las puertas de la capital y cada hora reducían el poder de negociación del consejo. Nuevamente cedió y acordó negociar un acuerdo de paz una vez que llegaran los delegados centroamericanos. La demanda final de Welles fue teatral: su firma en el acuerdo sería interpretada por ambas partes como una "garantía moral" de que sus términos se cumplirían. Había ganado la primera ronda.

Confiado en que había detenido la lucha antes de que los rebeldes pudieran irrumpir en la capital, telegrafió exultantemente a Morales que se había acordado un cese de hostilidades y que Tosta había sido aceptado como presidente provisional. Sin embargo, su euforia duró poco. Morales respondió que los rebeldes habían superado las defensas del consejo que se desmoronaban esa mañana y habían tomado la ciudad prácticamente sin un tiro. Enardecidos por la victoria, denunciaban el cese de hostilidades de Welles, alegando que habían sido engañados y, peor aún, planeaban rechazar a su colega Tosta como presidente provisional a favor de Fausto Dávila, la herramienta de las frutícolas estadounidenses. Las esperanzas de Welles se desplomaron.

Sabiendo que Ferrera se opondría violentamente a Dávila y que Dávila no podría formar un gobierno que los Estados Unidos reconocieran, Welles corrió de regreso a Tegucigalpa, llegó a la medianoche y se sumergió de nuevo en las negociaciones. Al amanecer, después de mostrar el reconocimiento de Estados Unidos como su triunfo, había persuadido a los generales rebeldes para que dieran marcha atrás, aceptaran a Tosta como presidente provisional y negociaran reformas constitucionales a bordo del barco Milwaukee. Los delegados centroamericanos, al llegar finalmente, servirían de garantes. De vuelta una vez más en Amapala, Welles fue elegido por unanimidad presidente de la mediación.

En cuarenta y ocho horas los congresistas habían llegado a un acuerdo y, el 3 de mayo de 1924, las cinco delegaciones centroamericanas votaron su agradecimiento al presidente Coolidge por el uso del crucero y un elogio a Welles por su "tacto perfecto, entera rectitud… imparcialidad y amplitud de visión".

Después de un torbellino de veintiún días, había cumplido de nuevo su misión. Al día siguiente zarpó a bordo del Milwaukee para Panamá, en ruta de regreso a Santo Domingo.

A pesar de la fricción inicial, Welles y Morales habían trabajado bien juntos, y Morales más tarde le rendiría un hermoso tributo a su joven colega. En su informe a Hughes, Morales escribió que Welles había mostrado:

"Incansable energía en el cumplimiento de su misión, junto con gran tacto y firmeza… en el corto espacio de siete días, pudo lograr un acuerdo preliminar, justo para todas las partes, y para... celebrar una conferencia de mediación con los delegados de ambas partes. En Amapala prosiguió sus esfuerzos con tal efecto que el mismo día en que… Tegucigalpa fue tomada por los Revolucionarios, se eligió por unanimidad un presidente provisional y se firmó el pacto de paz preliminar firmado por los delegados de todas las facciones...".

Para sorpresa del general, el Sr. Welles logró obtener la ratificación del pacto preliminar por los vencedores en dos días [y] entonces fue capaz de continuar con la Conferencia Centroamericana de Mediación y tener el acuerdo final firmado en pocos días. Puedo hablar de él y del éxito de su misión sólo en términos de los más elevados elogios.

En su propio informe a Hughes, Welles acusó a las empresas frutícolas de fomentar revoluciones en Centroamérica para su propio beneficio político-financiero. La revolución hondureña, informó, era "directamente atribuible… a la intervención de los intereses estadounidenses".

Las tropas rebeldes habían sido pagadas con fondos adelantados por las tres compañías fruteras estadounidenses: la United Fruit Company, la Cuyamel Fruit Company y la Standard Fruit & Steamship Company, que, además, habían proporcionado las armas, municiones, cañones, ametralladoras e incluso el avión usado para bombardear la capital. Cuando las propiedades de empresas estadounidenses que "promuevan activamente la revolución" fueron protegidas por marineros y buques de guerra del gobierno de los EE. UU., advirtió Welles, la "imparcialidad de los EE. UU. quedó desacreditada".

Tosta, mientras tanto, necesitaba ayuda inmediata; la situación financiera en Honduras era "caótica". La paz y el gobierno por "métodos de orden" solo podían asegurarse mediante una "ayuda rápida y eficaz". La súplica de Welles cayó en oídos sordos. Una vez finalizada la lucha, la administración Coolidge perdió interés. Tres meses después, Honduras fue víctima de otra revolución. "El Pacto de Amapala es ya, prácticamente, letra muerta a pesar del buen trabajo de Sumner Welles", lamentó el subsecretario Grew en su diario.

DÍAS DE HEROÍSMO, HORROR Y MUERTE

por froylán turcios

Diario La Bandera Nacional, órgano propagandístico del candidato y ex presidente, Policarpo Bonilla.

Fueron días de dolor, de inquietud y de heroísmo, por ambas partes contendientes, los del sitio de Tegucigalpa en 1924. Yo presencié innumerables episodios de temeraria audacia. Horroriza escribir la palabra enemigos tratándose de hondureños contra hondureños. Pero la voz adversarios fuera impropia en relación con aquella lucha en que se combatía con feroz ensañamiento.

Lástima que aquel continuo derroche de potencia agresiva, que aquella impavidez ante la muerte, se emplearan en colectivos duelos fraternos, en los que no caben las grandes voces: patria, honor y gloria. Creo que todos aquellos valientes hubieran obtenido grados y cruces en la guerra mundial. Viendo sus hazañas me convencí de que no hay un soldado más impetuoso y temible que el hondureño.

En lo que respecta a los seiscientos u ochocientos hombres que defendían con fiereza la plaza fue de sentirse que entre ellos hubiera un centenar de fascinerosos que con sus borracheras y delitos crearon la indisciplina y el desorden. Recorrían a todas horas las calles, escandalizando y sembrando el terror a su paso. No se dieron punto de reposo en su locura de disparar a cada minuto sus rifles, en sus rapiñas, en sus provocaciones entre sí con palabras procaces. Aquel grupo de bandoleros fue la deshonra de las intrépidas tropas que defendían la capital. Ellas injustamente cargaron con el anatema que sólo unos cuantos merecían.

Su culpa consistió en su tácita complicidad en tan terribles abusos en no haber sometido a balazos a aquellas bestias desbocadas. Bestias bravías que lavaron sus crímenes con su propia sangre, pues su infatigable ardor combativo les llevó a casi todos al sepulcro. Eran hondureños y todos los hondureños debemos desear que la tierra les sea leve.

Tuvieron entre sus vicios y delincuencias, una calidad luminosa que en la justa apreciación de los méritos más grandes, los colocó, en aquellos días trágicos en un plano de calidad cívica; su odio al invasor, que no se tradujo en hecho sangrientos por la perpetua vigilancia que con ellos se tenía y por la miedosa pasividad de la tropa intrusa. De lo contrario, de los doscientos marinos no hubiera quedado uno vivo, incluso Franklin Morales. Notábase en éstos verdadero pavor. No salían jamás de su cuartel sino a hacer sus compras de víveres, en pequeños grupos silenciosos. Iban por en medio de las calles con semblantes descompuestos, prontos a huir a la primera agresión.

Yo habíame abstenido en absoluto de tomar parte en las luchas políticas en los últimos trece años. Mi anhelo de reservar mis fuerzas para la Causa de las Causas, la autonomía nacional, neutralizaron mi actitud. Sólo me interesaba, de manera apremiante y definitiva, lo que atañía con la libertad de Honduras, en mi sentir, en grave peligro en aquel tiempo, por la voracidad anglosajona, duplicada por nuestros desórdenes intestinos. Veía con dolor la lucha entre los partidos políticos y no tenía interés alguno en que un nacionalista o un liberal fuera el Presidente.

Lo único que me importaba, de modo esencial era que el mandatario odiara, como yo, las intromisiones yanquis en nuestros asuntos internos. Desde este altísimo plano de intenso amor patrio y de cultura cívica veía yo el problema de la revolución que conmovía al país.

¡Qué anecdotario tan gráfico y palpitante podría yo exponer en estas páginas de aquellas calcinantes semanas de guerra, en que la atmósfera olía a sangre y a pólvora, y en que se escuchaba, minuto a minuto, el retumbar del cañón o el ruido siniestro de las ametralladoras! Humaredas azuladas cubrían los horizontes; lejanos estruendos, resonantes clarines en los cerros, repiques de campanas anunciando hiperbólicas derrotas, confusas griterías, banderas flotando en las alturas, estrépitos de los grandes camiones repletos de soldados conduciendo parque, camilleros transportando a los heridos... Todo dentro de un marco de metal reverberante, polvoriento, árido, con aspecto de desolación y de tragedia...

Llegó en aquella época dramática a Tegucigalpa, como representante especial del Presidente de los Estados Unidos, el señor Sumner Welles, hoy célebre personaje mundial.

Venciendo la hostilidad que tal hombre me inspiraba por su nefasta actuación en Puerto Rico, en detrimento de la soberanía de aquella desventurada isla, le remití una colección de mi Boletín, solicitándole una audiencia. Pocas horas después recibí una tarjeta suya, citándome para las nueve de la siguiente mañana.

Hospedábase en casa del licenciado Rubén Barrientos y le encontré leyendo mi periódico esparcido sobre una larga mesa. Me felicitó por mi alto patriotismo y por los vibrantes artículos que más le gustaron y que había marcado con lápiz rojo,

Le expuse la situación con la mayor claridad e hice todos los esfuerzos posibles para convencerlo de la urgencia inmediata de hacer salir a la tropa de la marina de su país del territorio hondureño. Volvime elocuente, aduciendo todas las razones que un ciudadano que defiende la libertad de su patria expone en circunstancias tan críticas. Prometióme trabajar con toda su voluntad en tal sentido. Dos veces más, en los días subsiguientes, insistí en mi reclamo, que fue escuchado con la mayor cordialidad y cultura.

A las doce de un día clarísimo de calor africano —2 de abril de 1924— vi pasar, desde la esquina de la casa que fuera de los Ugarte, frente al Parque Morazán, una tropa de cincuenta hombres al mando de los coroneles Ángel María Cisneros y José María Salgado, con dirección a El Berrinche, de cuyas posiciones se apoderara, sin un tiro, la noche anterior, el general Vicente Tosta, según se dijo comprando al jefe que las defendía, un antiguo presidiario.

—¡Viva el defensor de nuestra soberanía! ¡Viva Froylán Turcios! —gritaron al verme Cisneros y Salgado. ¡Vamos a recuperar El Berrinche o a morir!

Aún no se habían extinguido los estruendosos vivas de los soldados contestando a sus jefes cuando turbó súbitamente mi espíritu una pavorosa alucinación, un fulminante fenómeno de mi fantasía, impresionada hasta el último límite del horror por tantas escenas patéticas.

Miré, en la claridad meridiana, que Cisneros se volvía hacia mí y que su cabeza descubierta se transformaba en una calavera. Duró la visión pocos segundos...

Pensé correr tras él para comunicarle tan terrible anuncio de su destino, pidiéndole que desistiera de su propósito; pero me detuvo la idea de que se burlaría del insólito caso, y, sobre todo, la absoluta convicción de la imposibilidad de detenerle, enardecido como iba por la fiebre del combate.

En el trayecto hacia mi casa encontré a Alfredo Pineda (quien murió trágicamente veintiséis días después) y a la señorita Chepita Pinel, a quienes conté el extraño suceso, e hice lo mismo con mi familia y con otras personas.

A las tres la bandera azul y blanco continuaba flotando en El Berrinche.

—Tengo la certeza de que Cisneros es ya otra gran energía perdida —dije a varios amigos.

A las siete de aquella noche, mientras escribía en mi oficina, oí unos tremendos gritos venidos de muy lejos. Salté a la calle indagando la causa, pero ninguno de los transeúntes sabía nada. De nuevo resonaron los agudísimos lamentos cuando el doctor Rodolfo Espinosa pasó junto a mi puerta.

—Es una cosa horrenda —me dijo—. ¿Oyes esos clamores de espanto y agonía? Son del coronel Cisneros que recibió por la espalda un terrible balazo que le partió la columna vertebral destrozándole el vientre. Algo fatalmente angustioso e irremediable.

Presencié en el hospital su siniestro fin. Enloquecido gritaba y gemía, debatiéndose en la mayor desesperación.

Sus ojos giraban de un punto a otro, desorbitados e implorantes.

—¡Mátenme por favor! —suplicaba enronquecido—. ¡Evítenme estos infernales sufrimientos! Otra inyección de morfina, triple, cuádruple, doctor, se lo ruego, se lo ruego... Y los desolados y lastimeros gemidos de su martirio repetíanse una y otra vez, produciendo profundísima pena e intensa piedad. ¡Qué muerte tan atroz la de aquel talentoso y valiente joven!

MARÍA ENAMORADO era una simpática adolescente, hermana de Fernando Martínez. Poníase todos los días a barrer y a regar la acera de su casa, cerca de la esquina sur del hospital. Varias veces le aconsejé que no lo hiciera, pues continuamente disparaban sobre aquella calle los tiradores de El Berrinche, y hasta le mostré una mañana los plomos que en aquel sitio rebotaban sin cesar. Sonrió, agradeciéndome mis cuidados.

Una hora después está sin vida, a cinco pasos de su puerta. Asistí a su entierro en el patio de la catedral. Era blanca y bonita y escribí para ella el siguiente epitafio ligero como fue su rápido paso por el mundo:

28

María Enamorado
jovencita gentil,
cayó con el cerebro atravesado
por el plomo fugaz de un proyectil.
Reposa de la iglesia en el suelo sagrado.
Y esto pasó en un día
viernes, cuatro de abril.

Hablando en una de aquellas tardes en mi oficina con el doctor Ángel Zúñiga Huete, jefe de la zona militar del Centro, de los vergonzosos escándalos y crímenes de que eran autores algunos desalmados, y de los millares de cartuchos que derrochaban cada hora, disparando al aire para atemorizar a las gentes, me dijo que ya iba a cortar por sus raíces el mal, imponiendo el orden y la disciplina, aunque para ello tuviera que emplear medidas drásticas.

—Si yo tuviera en mis manos el poder —le aseguré— fusilaría a los asesinos, encadenando a los ladrones e incendiarios.

Poco después, defendiéndose de una agresión en su propia casa, el coronel Saturnino Sauceda vióse obligado a matar de un tiro a uno de aquellos delincuentes. Ya en esta fecha leíase en las paredes de las calles el acuerdo de la autoridad militar fijando la sanción inmediata para los más graves delitos. Fueron a suplicarme las mujeres de la familia de Sauceda, despavoridas y sollozantes, mi intercesión en favor del reo, que iba a ser fusilado a las tres de la tarde.

—¡Corra, corra, señor, se lo pedimos de rodillas! Usted evitará que lo maten. ¡Sálvelo! ¡Sálvelo!

Y se retorcían los brazos, sollozando, presas de la mayor desesperación.

Tomé el sombrero, diciéndoles que allí me esperaran.

—Pero no se detenga en el camino si le sale alguno al paso. ¡Sólo faltan treinta minutos para las tres! ¡Corra, corra, mi señor! En verdad que me alejé casi corriendo. Expuse mi petición a Zúñiga Huete, que me replicó al momento:

—Pero, amigo, usted me dijo que si tuviera poder fusilaría a los asesinos.

—Ciertamente, y así lo cumpliría. Pero Sauceda no es un asesino, Él mató defendiéndose (cinco testigos del hecho lo aseguran) como en el mismo caso podríamos hacerlo usted y yo. Vaciló un instante.

—Van a decir que no cumplo mis disposiciones. Pero bien: atenderé a lo que usted me pide.

Y llamó al general Ignacio Castro.

—Ordene por teléfono en mi nombre al comandante de la Penitenciaría que no fusile a Sauceda y que lo entregue a Froylán Turcios.

Faltaban apenas cinco minutos para las tres cuando se transmitió aquella orden. Castro, al dejar la bocina, me dijo complacido:

—El jefe de la Penitenciaría le da, por mi medio, las gracias por su oportunísima intervención, que le libró de despachar al otro mundo a un hombre valeroso. Manifiesta que Sauceda, desde que fue encerrado en una celda hasta en este instante en que sólo contaba con unos pocos minutos de vida, demostró una perfecta impavidez. Fui a la prisión y puse en libertad a Sauceda, y creo que también a un hermano suyo, herido de un balazo.

Pocos días después fue capturado el doctor Miguel Paz Baraona. Condújosele a la mansión presidencial y le vi en un cuarto del primer piso cuando llegué para intervenir en su favor. Le rodeaba gran número de militares de rostros agresivos y un estruendo formidable oíase por todas partes. Sonaban continuos disparos de rifle y de revólver en los pasillos y en los patios, seguidos de obscenas palabrotas e interjecciones iracundas. De la guardia del zaguán, del segundo piso, y de los grupos que circulaban por la escalera, salían frases injuriosas y roncos mueras contra el reo.

Conociendo el motivo de mi presencia en aquel grave caso, algunos generales y coroneles aconsejábanme:

—No se meta. Deje a ese cabrón que corra la suerte que se tiene ganada. Vea que la tropa se halla tan frenética, que si se interesa por él, usted mismo, a pesar de la simpatía que por su acción contra los yanquis goza entre nuestros soldados, puede ser acometido a balazos de un momento a otro.

Sin atender tales voces llegué hasta la estancia en que se hallaba el prisionero. Sólo le conocía de vista y él a mí pienso que ni de vista por su proceder para conmigo cuando después ejerció la Presidencia de la República. Le vi pálido, decaído, con el aspecto de un hombre torturado y enfermo.

—Escúcheme, doctor —le dije en voz baja—. Tengo la seguridad de que si cae una bomba sobre esta casa, lo harán a usted pedazos. Oiga cómo lo juran estos hombres a gritos por todas partes. Es preciso que dirija usted inmediatamente un telegrama al general Carías para que lo evite. Mostróse de acuerdo, y me rogó redactar el mensaje. Así lo hice y él lo aprobó y firmó. Con el papel en la mano, le expliqué:

—Voy a entregarlo a don Antonio Lardizábal para su inmediata transmisión, y regresaré en seguida, pues estoy resuelto a empeñar todas mis fuerzas para obtener su libertad.

Con débil voz dióme las gracias y salí. Entregado el despacho, volví pocos minutos después a la casa presidencial. Pero ya no estaba allí el doctor. Ni me fue posible verle de nuevo aquel día. En la noche siguiente o subsiguiente, como a las once, llegó a buscarme el doctor Rodolfo Espinosa, rogándome, de modo apremiante, interceder en el acto con los jefes que mandaban en la plaza, en favor de Paz Baraona, cuya vida estaba seriamente amenazada.

—Ofréceles cinco mil pesos, que hemos reunido entre los hermanos masones, por su inmediata libertad. Él se asilará en mi casa o en la tuya, bajo su palabra de honor de no moverse de allí. Veo que te respetan todos y eres el llamado para obtener lo que deseamos. Voy a traerte el dinero.

Con toda mi voluntad me presté a tan difícil misión a sabiendas de que en ella me jugaba la vida. Oíanse, cada seis minutos, descargas en las calles, que la rotura de los cables eléctricos había dejado en tinieblas.

Volvió Espinosa y le manifesté que no llevaría el dinero porque iba expuesto a morir de un tiro y pudiera perderse. Las detonaciones continuaban con mayor violencia.

Como fugaces relámpagos, veíanse los fogonazos por el lado del río. Intenté pasar por la esquina de las Sequeiros, pero tuve que retroceder por los continuos disparos.

—¡Atrás! —gritaban aquellos energúmenos—. ¡Por aquí no pasa ni Dios!

Dando muchos rodeos logré llegar al barrio de El Jazmín. Media hora tardé en recorrer el espacio hasta la casa presidencial, sintiendo zumbar las balas en mis oídos; y sólo porque cuando me propongo una cosa la realizo, aun exponiéndome a morir, fue que pude conseguir mi propósito.

Hablé con el general José María Fonseca, que era quien efectivamente ejercía entonces el mando. Le demostré la notoria injusticia de la prisión de Paz Baraona; le expuse su alejamiento de la política militante y todo lo que pudo ocurrírseme para lograr lo que deseaba. Viendo que nada obtenía, pues Fonseca se obstinó en convencerme de que era el Consejo de Ministros quien retenía el poder, y a quien era preciso dirigirme, le ofrecí los cinco mil pesos para que pudiera pagar una parte de lo que adeudaba a sus tropas. Hablé de nuevo, aduciendo otros razonamientos.

No aceptó el dinero, pero me dio su palabra de que el preso quedaría libre antes de las once de la siguiente mañana. Regresé a mi casa cuando sonaban las doce en la catedral, entre el ruido de los rifles, y di parte a Espinosa del buen éxito obtenido. Mi hermana, que me había suplicado que agotara todos los medios posibles en favor de Paz Baraona, me dijo:

—Has procedido muy bien. Exponiendo dos veces tu vida por una persona a quien no conoces, tu acción es más meritoria.

Como me lo prometiera Fonseca, el doctor fue puesto en libertad antes de la hora señalada.

No abrigo la pretensión de creer —aunque sí podría tenerla— de que por mi esfuerzo únicamente se obtuvo aquella finalidad. Quizá otras influencias, que yo ignorara, se movieron con el mismo propósito. Pero sí tengo la absoluta certidumbre de que mi oportuna intervención fue la de mayor eficiencia. Lo digo con pleno conocimiento de todas las circunstancias especiales que rodearon aquel suceso.

Apenas supe que Paz Baraona se hallaba en la casa de Lardizábal fui a verle. Con el mentón sobre el pecho y las señales de un grave sacudimiento íntimo y como abstraído y sin voluntad, le vi sentado en una silla junto a su cama. Me puse a su disposición, le ofrecí mis servicios en todo lo que pudiera necesitar, y le pregunté si deseaba que le llevara algunos libros y revistas.

Expresóme con débil voz su agradecimiento añadiendo que lo único que necesitaba era de un largo tiempo de absoluto reposo.

Ya en la presidencia de la República el doctor Paz Baraona, fui violentamente atacado en tres ocasiones, en el diario oficial, por mi campaña antiimperialista, haciéndose alusión, en uno de esos ataques, en forma equívoca, a mis visitas a la casa presidencial en los meses de la guerra civil de 1924. Concreté en mi respuesta los motivos de aquellas visitas, las relaciones con mis activos trabajos para la pronta salida de Honduras, de los marinos yanquis, cuya sola presencia afrentaba a nuestra soberanía; y tres más para salvar la vida del coronel Sauceda y del doctor Miguel Paz Baraona — citando como testigos de este último incidente en que expuse dos veces mi vida— a don Antonio Lardizábal y al doctor Rodolfo Espinosa.

Recibí entonces una tarjeta de dicho mandatario, diciéndome: que había ignorado, hasta aquel momento, lo que yo hiciera por él, y, al saberlo, me daba las gracias, poniéndose a mis órdenes. Me quedé estupefacto ¿Era posible que no se diera cuenta de mi actitud en su favor en los días en que estuvo en el umbral de la tumba? Todavía me asombro del caso. Por muy grande que sea mi modestia no llegará al extremo de hacerme pensar que no conociera mi nombre. En el estrecho círculo en que nos movemos en Honduras cada cual sabe quién es cada cual. Sobre todo cuando se ha tenido una larga actuación en la política y en las letras. En la casa presidencial conversamos quince minutos y después en la de Lardizábal otro corto tiempo. ¿No preguntó nunca quién era aquel señor que tanto se interesara por su suerte? Esto, en el caso remoto de que no me conociera personalmente. Intrigado por este detalle llego a la conclusión, única posible: que el peligro de muerte en que estuvo le privó de todo recuerdo, de todo concepto de la realidad, que no fuera su miedo; de toda aptitud para apreciar los detalles de su tremenda situación y para distinguir los amigos entre los enemigos. Como hubo un instante en que me vi obligado, al hablarle, a levantar mucho la voz, entre aquel horrible estruendo de gritos, maldiciones y disparos, él creería, quizá, inconsciente por el terror, que yo era uno de los que lo injuriaban. Tal vez ni se diera cuenta del texto del telegrama que firmó dirigido al general Carías. En casa de Lardizábal le miré tan inerte, tan flácido, tan sin ánimo, que me dejó la impresión de un hombre ausente.

Aunque tuve en Francia muchas oportunidades de conversar con Paz Baraona, nunca procuré aclarar este asunto, viéndole enfermo y pensando que pudiera creer que había en mí intención de molestarlo con tales recuerdos.

EL ASALTO POSTRERO de la plaza, en la noche del 28 de abril, fue muy sangriento. El ejército sitiador —como sucede siempre cuando una hueste va de triunfo— habíase aumentado considerablemente, en la misma proporción en que disminuyera el de los sitiados. Se vieron, no obstante, entre éstos, actos de valor rayanos en la locura.

Fue admirable la serenidad de Lalita en aquella trágica noche. Cerca de diez horas de furiosa pelea con sus continuos estragos no abatieron su espíritu. La casa en que vivíamos fue blanco de verdaderas granizadas de balas y varias de ellas perforaron la débil pared que sirve de base a los balcones, penetrando en la sala en que se hallaba.

Conservo los tres pedazos de plomo que cayeron a sus pies, y que ella retuvo en sus manos, lamentándose de que tales expresiones de muerte procedieran de los hijos de la misma patria,

—¿Cuándo terminará en Honduras este periódico drama sangriento? —exclamó—. ¿Cuándo gozará nuestro país de los inestimables beneficios de una paz perenne?

—¿Cuándo? —pensaba yo, escuchándola con tristeza—. Quizá nunca...

Terminada la lucha al amanecer, no hubo, que yo supiera, actos de violencia de parte de los vencedores. De los sitiados pereció una décima parte y escaparon los que pudieron hacerlo después del combate. Abrí la puerta de mi oficina a las siete y vi pasar grandes grupos victoriosos, exteriorizando su natural alegría con los vivas y

34

mueras de costumbre, pero sin extremos sangrientos. En la noche oí el ruido de un pelotón que se acercaba y una voz que dijo golpeando los barrotes de una de mis ventanas:

—Aquí vive aquel que nos injuriaba en su periódico.

Salté de mi asiento, y tomando una colección del Boletín de las que tenía arrolladas en mi escritorio, abrí con rapidez la puerta, exclamando:

—Miente quien diga que yo he injuriado a ningún hondureño en el diario que publiqué durante el sitio. He defendido en él la soberanía de mi patria, he atacado en sus páginas al yanqui invasor que afrenta nuestra bandera, sin referirme nunca a los conciudadanos de uno y otro bando que se han combatido a sangre y fuego. Aquí tiene el que habló una colección completa de mi Boletín para que la lea y ratifique lo que digo.

Esperaba que de mis palabras, dichas en tono despectivo, surgiría un violento altercado. Pero no fue así. Uno de ellos tendió la mano, tomando el paquete. Y continuaron su camino sin proferir una frase.

Noches después una escolta cuyo jefe era el coronel Benito Zelaya hijo, llegó a mi casa con el propósito de registrarla, creyendo que en ella se asilaba un conocido militar liberal —Julio Peralta— (quien murió asesinado en Nicaragua). Verificóse el registro sin lamentables consecuencias, pues dicho general no se hallaba por aquellos contornos.

No volví a sufrir molestia alguna hasta el seis de agosto a las ocho de la mañana en que un oficial de policía con cinco agentes llegó a capturarme. Al recibirlos iba yo con el revólver en la mano y al saber de lo que se trataba le dije al jefe del grupo que iría con él cuando retirara su escolta. Viéndole vacilar añadí que si no me atendía iba a llevarme muerto, pues estaba resuelto a defenderme a balazos.

—Deme su palabra de no intentar fugarse y retiro esta gente — exclamó al fin.

Y luego que partieron los polizontes le rogué que me esperara un minuto mientras me despedía de mi hermana. Púsose inquieto.

—No tema que intente fugarme. Ya le di mi palabra.

Regresé luego, impresionado por el dolor de mi pobre enferma, a quien dejé muy abatida y llorando amargamente.

En el trayecto hacia la Penitenciaría hubiera podido introducirme en la Legación de México, frente a cuyo zaguán pasamos; pero ni siquiera se me ocurrió, respetando mi compromiso. El oficial hablábame de su contrariedad por tener que cumplir aquella orden contra mí, por quien sentía afecto y admiración,

En el centro penal fui recibido por el segundo jefe: Se me registró, decomisándose me cuanto llevaba encima. Pero no encontraron la gruesa navaja que había puesto en uno de mis zapatos. Atravesamos el primer patio y para entrar en el siguiente fue entreabierto un portón de hierro cuyas hojas cerraba una cadena. Procuré pasar, pero inútilmente por la estrechez de la abertura. Entonces el sargento que me conducía gritó:

—¡Si no pasa por su gusto lo hará a culatazos!

Y levantó el fusil para golpearme. Instantáneamente me incliné e irguiéndome con la navaja abierta, le grité acercándome a él y vibrando de cólera:

—¡Vamos, canalla! ¡Hágame pasar a culatazos!

Ciego de ira ordenó a un grupo de soldados que por aparecieron:

—¡Delen culata hasta que pase!

Corrieron hacia mí con los rifles en alto, pero un hombre se interpuso con voz imperiosa:

—¡Atrás, hijos de la gran puta!

Y encarándose con mi enemigo:

—¡Qué bestia, qué cobarde es usted! Se necesita ser un cerdo para abusar de la fuerza bruta como usted intenta hacerlo. ¿Cómo va a pasar este señor por esa puerta casi cerrada? ¡Ábrala bien, sino quiere que le rompa la cabezota de burro!

Con la mayor humildad aquel villano retiró los eslabones de la cadena que cerraba el portón. No tuve tiempo de manifestarle mi gratitud al inesperado y oportuno amigo, pues se alejó rápidamente y apenas pude notar que era aún joven, de color claro y de mediana estatura. Si algún día lee estas líneas, que ellas le expresen mi agradecimiento.

Pensé por un instante que mi defensor sería el general Mariano Sanabria, director de aquel presidio. No le conocía sino vagamente de nombre, no existiendo entre él y yo ningún recuerdo. Pero esta suposición duró apenas dos minutos. Al caminar hacia la celda que para mí habían abierto, un individuo me dijo que me esperara un poco mientras la baldeaban. En mi ignorancia del caso creí que iban a limpiar aquel cuartucho de donde salía un mal olor insoportable.

Luego me di cuenta de que lo que con ello se deseaba era ultrajarme, pues varios reos pusiéronse a vaciar sobre el piso grandes baldes llenos de lodo; y cuando aquello fue un fétido pantano me vi obligado a penetrar en él entre una letanía de amenazas.

A la una de la tarde me llevaron dos almuerzos: el que me remitían de mi casa, y otro, magnífico, que me envió... Nunca logré saber a quién debí tan delicada atención. Era imposible que pudiera comer en aquella pocilga, por lo que los obsequié, íntegros, a mi carcelero. Fue en la noche el secretario del establecimiento a ver en qué podía servirme, contóme que su jefe pronunció contra mí frases iracundas; que estaba preso por suponérseme de acuerdo con los planes revolucionarios del general Gregorio Ferrera; y algunas otras cosas de menor importancia. La plática era a través de la reja de la celda.

Noche que surge en mi memoria como una de las más amargas de mi vida; horas odiosas que evoco siempre con asco. Yo no conocía al general Ferrera, nunca oyera su voz ni por teléfono e ignoraba en absoluto lo que pensara o tuviera en proyecto.

Entre tanto, había rogado a mi familia, en una carta que logré remitir, que no diera ningún paso para obtener mi libertad. El presidente Vicente Tosta, único responsable de lo que me pasaba, empezó a recibir telegramas de las capitales de Centro América, de personas importantes y de directores de diarios, protestando por mi prisión, y el Ministro de México en Honduras, licenciado Pablo Campos Ortiz, le hizo presente el descrédito en que su gobierno incurría por el abuso de encarcelar sin motivo al hombre más conocido de Honduras en el exterior por sus obras literarias y sus campañas hispanoamericanas (palabras textuales) y le pidió, en nombre de su Gobierno, (creo que con instrucciones de éste), mi inmediata libertad. Tuvo que atenderlo, aunque supongo que de mala gana. Santiago Sáenz Rico, secretario de la Legación Mexicana, llevó la orden, dos días después, a las cuatro de la tarde. Fue con él Arturo Martínez Galindo y otro amigo, cuyo nombre siento en el alma no recordar, con quienes llegué a mi casa.

En la noche recibí la visita de Campos Ortiz para excitarme a que me asilara, sin pérdida de tiempo, en su Legación, pues sabía de cierto que dentro de pocas horas iba a ser de nuevo capturado. Lalita me suplicó que aceptara el ofrecimiento; y, más por darle gusto y evitar sus inquietudes que por mi propia conveniencia, atendí la espontánea y generosa invitación.

Cerca de dos meses y medio permanecí en la casa de México. Guardo memorias imperecederas de la caballerosidad y del afecto de Campos Ortiz y de su bella y distinguida señora. Me trataron siempre de manera especial y cariñosa. No olvido al joven y talentoso diplomático que, entre todos los que encontraron un refugio bajo la gloriosa bandera mexicana (Raúl Toledo López, Augusto C. Coello, Máximo B. Rosales, Manuel Ugarte) sólo yo fui buscado por él en persona. Me destinó un cuarto junto a su dormitorio, haciéndome objeto de las más finas deferencias.

No acepté un cubierto en su mesa, ni otras ofertas de orden práctico; pero su ayuda moral vive latente en mí con eterna gratitud. Tengo a Campos Ortiz en la cortísima nómina de los hombres hidalgos y de los leales amigos que encontré en el mundo: lealtad e hidalguía que, unida a su brillante inteligencia, a su simpática figura y a su dinámico valor, hacen de él una de las más atrayentes personalidades de la diplomacia de América.

Una tarde en que recibí la ingrata noticia de que se había agravado la enfermedad de mi hermana, abandoné en el acto la Legación para acudir a servirla, exponiéndome a ingresar de nuevo en la celda penitenciaria, pero esto no sucedió. Los demás permanecieron en aquel fraternal asilo seis o siete semanas después de mi salida.

La quietud de Tegucigalpa fue interrumpida luego de que la
ambición de la clase política hiciera estallar la guerra civil.

EL DIARIO DE LA GUERRA:

por mario ribas de cantruy

**Periodista español Mario Ribas,
director de la revista Renacimiento.**

DIARIO DE LA GUERRA 30 DE ENERO AL 30 DE ABRIL

(Tomado de la Revista Política, año I, número 2, febrero de 1999. Sala Hemerográfica del Archivo Nacional).

En los comicios para el período presidencial 1920/24, triunfó el representante del partido liberal constitucional, general Rafael López Gutiérrez, una vez sofocada la imposición de la candidatura oficialista de Nazario Soriano.

Terminado el lapso (abril 1923) el Congreso Nacional convocó nuevamente a elecciones generales, que se realizaron en octubre del indicado año, con la participación de tres candidatos: general Tiburcio Carías, doctor Policarpo Bonilla y don Juan Ángel Arias. Ninguno de ellos obtuvo la mayoría absoluta señalada por el artículo 79 de la ley de elecciones.

Pero la Constitución Política de 1894, vigente entonces, prevenía que, en casos como éste, el Congreso de la República tenía facultades para proceder a la elección del presidente, del vicepresidente y de los magistrados entre los ciudadanos que hubieran ganado para cada cargo mayor número de sufragios.

El Congreso se negó a respetar este mandato y López Gutiérrez asumió los poderes absolutos del Estado en la fecha en que debía hacerse el relevo del mando (primero defebrero), rompiendo así el orden constitucional. Esto originó un conflicto armado que costó torrentes de sangre al pueblo hondureño.

El desarrollo de este trágico episodio se encuentra registrado en estas páginas que su autor, el periodista Mario Ribas, director de **Renacimiento,** revista de actualidades, fue escribiendo día tras día, desde el 30 de enero hasta el 30 de abril de 1924. Su texto completo fue incluido en el número 69 de la revista, publicada en Tegucigalpa, con fecha 25 de mayo de 1924.

El documento conocido hasta hoy solamente por los estudiosos de nuestra historia llega ahora a un público lector más extenso.

Fracaso del plan Paz-Barahona

Enero 30.-

Desde ayer se dio por completamente fracasado el plan de arreglo entre el partido Arista y el partido Cariísta, conocido con el nombre de *Plan Paz Barahona*. Por dicho convenio se retiraban el General Carías y el Dr. Arias y los Diputados partidarios de los dos candidatos (15 cariístas y 18 aristas) debían elegir en el Congreso al Dr. Don Miguel Paz Barahona Presidente de la República.

Sale de Tegucigalpa el General Carías

Fracasado el Plan Paz Barahona, y convencido de que no hay arreglo posible entre su partido y otro de los partidos en lucha, el General don Tiburcio Carías Andino ha salido secretamente de Tegucigalpa hoy a las 7 de la noche. Con él han salido varios amigos suyos, armados. La salida del General Carías se interpreta como la señal de la guerra.

Durante toda la noche sale gente de Tegucigalpa para incorporarse en las filas de la Revolución, la que se supone estallará pasado mañana, al romperse el orden constitucional.

Ultima sesión del Congreso y último día de Gobierno constitucional

Enero 31.-

Ultimo día de Gobierno Constitucional. El Congreso celebra sesión en la tarde, con asistencia del Cuerpo Diplomático, pero no hay *quórum* y a las 5 se levanta la sesión. En la noche se celebra otra sesión, dícese que para ver si a última hora se puede elegir Presidente o siquiera un Designado. Tampoco hay *quórum* y a las 9 clausura el Congreso Nacional.

Decreto proclamando la Dictadura

A medianoche el Presidente de la República, General don Rafael López Gutiérrez, da el siguiente Decreto proclamando la Dictadura y asumiendo él todos los Poderes del Estado:

Decreto Nº1.- Rafael López Gutiérrez, General de División y Presidente Constitucional de la República de Honduras.

Considerando: que el Congreso Nacional se ha disuelto de hecho el día de hoy, sin haber declarado ni practicado la elección de Presidente y Vice-Presidente de la República, para el período que empieza el día de mañana, ni nombrado los Designados a la Presidencia para el presente año, no habiendo declarado más que la elección de un Magistrado Propietario de la Corte Suprema de Justicia, y, en consecuencia, se ha alterado el orden constitucional.

Considerando: que no habiendo Presidente, Vice-Presidente ni Designados, no hay un funcionario a quien entregar la Presidencia de la República para el nuevo período constitucional, y en este concepto es indispensable la existencia de un nuevo Gobierno, con facultades para evitar la anarquía y el desorden.

Considerando: que la conservación de la paz y la reorganización del Poder Público, exigen la reforma de la Constitución Política.

Por tanto,

DECRETA:

Artículo 1°.- Convocase una Asamblea Constituyente que se reunirá en esta capital en la fecha y con el número de Diputados que se expresará en un decreto especial. En dicho decreto se reglamentará la elección de los Diputados.

Art. 2°.- Mientras se da cumplimiento al artículo anterior y se inaugura el nuevo régimen constitucional, el Presidente de la

República asume todos los Poderes del Estado, los cuales ejercerá discrecionalmente, quedando suspenso el imperio de la Constitución.

Art. 3°.- Los Tribunales continuarán ejerciendo sus funciones de conformidad con las respectivas leyes, en todo lo que no se oponga a las disposiciones de orden público.

Art. 4°.- Los actuales funcionarios y empleados civiles, militares y administrativos del Estado, continuarán en sus puestos, con arreglo al artículo anterior.

Dado en Tegucigalpa, a las doce de la noche del día treinta y uno de enero de mil novecientos veinticuatro.- f.) R. López G.- El Secretario de Estado en el Despacho de Gobernación y Justicia, f.) Angel Zúñiga Huete.- El Sub-Secretario interino encargado del Despacho de Guerra y Marina, f.) Abel Gamero.- El Secretario de Estado en el Despacho de Hacienda y Crédito Público, f.) Ricardo Pineda.- El Secretario de Estado en el Despacho de Relaciones Exteriores, f.) Rómulo E. Durón.- El Secretario de Estado en el Despacho de Fomento Obras Públicas y Agricultura, f.) A. R. Reina h.- El Secretario de Estado en el Despachode Instrucción Pública, f.) Ernesto Argueta.

Febrero 1°-
Renuncia el Ministro de Guerra y Marina, Dr. Don Dionisio Gutiérrez, quedando la Cartera a cargo del Sr. Don Abel Gamero. Renuncia el Comandante Militar y Gobernador Político de Tegucigalpa, don RaúlToledo López.
Salen para El Salvador varias importantes personalidades políticas, entre ellas don Raúl Toledo López, General don Dionisio Gutiérrez, don Santos Soto y familia, Ing. don Héctor Medina Planas, Lic. Don José María Matute, General don Jacobo Galindo, General don Joaquín Medina Planas, General don Ramón Alvarado Mendieta, Coronel don Ricardo Lardizábal, don F. Alfredo

Medrano, Lic. don Guillermo Moncada R., etc. Etc. Se anuncia la llegada a San Juancito de fuertes contingentes de tropas revolucionarias al mando del General don J. Inocente Triminio, que salió de Tegucigalpa en la noche del 30. Se cree que con dichas fuerzas va el General Carías, y que de San Juancito volverá sobre sus pasos y atacará la capital. Hay alarma en los círculos capitalinos.

Empieza la guerra

La ciudad de La Esperanza ha quedado hoy en poder de las fuerzas del General Ferrera.

Febrero 2.-

Se anuncia en la capital que las fuerzas del General Triminio han pasado por Cantarranas y que van camino de la frontera de Nicaragua.

Don Lucas Moncada G., Alcalde Municipal de Tegucigalpa, se hace cargo de la Gobernación Política del departamento.

El Ministerio de Relaciones Exteriores comunica oficialmente a los representantes diplomáticos y consulares residentes en Tegucigalpa, el decreto proclamando la Dictadura y expresa las esperanzas de que los Gobiernos extranjeros continuarán sus relaciones con el Gobierno *de facto*.

Febrero 3.-

Marcala ha caído hoy en poder de la Revolución.

Febrero 4.-

Se recibe la noticia de que el General don Mariano Bertrand Anduray, al mando de 125 hombres del Partido del General Carías ha tomado Siguatepeque, importante punto de tránsito en la Carretera del Norte.

Proclama del Consejo de Jefes del Ejército cariísta, dada en "LasManos", frontera con Nicaragua:

El Consejo de Jefes del Ejército Revolucionario que acuerpa al General Carías, ha dado hoy la siguiente proclama:

En *Las Manos,* a 5 de febrero de 1924.- El Consejo de Jefes del Ejército Constitucional, al mando de tres mil soldados acampados en la frontera, habiendo recibido noticias fidedignas de que en Tegucigalpa se llevan a cabo negociaciones para convenir en la persona que debe asumir la Presidencia de la República;

Considerando: Que al asumir el mando dictatorial, el 1° de febrero, el General López Gutiérrez, la Constitución de Honduras quedó rota de derecho, en consecuencia, cualquier gobierno que surja de dichos pactos se organizará fuera de la ley;

Considerando: Que de acuerdo con la Constitución, el General Carías fue electo por la voluntad del pueblo en las elecciones de octubre de 1923, y que, por lo mismo, el General Carías es el Presidente de Honduras;
Por tanto, el Consejo de Jefes y Oficiales del Ejército Constitucional de Oriente, Resuelve:

1°- Reconocer como Presidente Constitucional de Honduras al Dr. y General don Tiburcio Carías A.

2°- Protestar contra todas las negociaciones ilegales que, violando el principiode la soberanía popular, se están llevando a cabo en Tegucigalpa, en contra del texto expreso de la Constitución, que es el único pacto que rige la organización y derechos políticos del pueblo hondureño.

3°- Jurar el sostenimiento de la Constitución que ha pretendido abrogar el General López Gutiérrez.

4°- Comunicar esta resolución a las Cancillerías americana, guatemalteca, salvadoreña, nicaragüense y costarricense, por medio de sus representantes en Tegucigalpa; y

5°- Transcribir el texto de esta resolución al Presidente General Tiburcio Carías A. Gustavo A. Castañeda, Carlos Izaguirre V., Isidro Moncada, diputados propietarios; doctor Rafael Callejas, General Juan Blas Paguaga, Dr. Manuel Valladares Núñez, Dr. Ramón Rosa Figueroa, General Pío S. Fálope, General Juan Pablo Urrutia, Coroneles Rafael Valenzuela Fonseca, J. Bernardo Bardales, Ángel Acosta Aguilar, Manuel J. Salgado, Joaquín Burgos, Alberto Pérez Estrada, Manuel de J. Callejas, Leonidas Alemán, Horacio Díaz, J. Esteban Callejas, Francisco del Cid, Modesto Ramírez V., Arcadio Molina, Vicente D. Valladares, Raimundo Valladares, Pablo R. Moncada, Eleuterio Rivera, Leonardo Ulloa, Pedro Blandón M., Basilio Sauceda F., Inocente Triminio, Camilo R. Reina, Gonzalo Córdova, Enrique López Pinel, Ramón Mondragón, Francisco Huiza, Miguel Fonseca, César Reinosa, Alejandro Albayero, Dositeo Borjas, J. Dionisio Moncada, Tenientes Coroneles Santos T. Hernández, Pablo Moncada G., Filadelfo Córdova, Juan M. Sibaja.

Febrero 5.-

El Ministro de Gobernación y Justicia, Dr. Don José Ángel Zúñiga Huete, llama a su oficina a los principales comerciantes, industriales y banqueros, nacionales y extranjeros, —y les manifiesta— que el Gobierno necesita... $200.000 inmediatamente, y que espera que ellos verán el modo de conseguirlos para prestárselos. Los comerciantes explican que, dada la malísima situación actual de los negocios y el hecho de que algunos jefes de casas comerciales o bancarias están ausentes y no han dado instrucciones para semejante caso, va a ser muy difícil poner esa suma a la orden en el cortoplazo que se concede, máxime que ya se debe dinero a todos los comerciantesy bancos y no hay gran esperanza de cobrarlo pronto. El señor Ministro da por terminada la entrevista y les convoca para el día siguiente "con el dinero".

Varios comerciantes se quejan a sus representantes diplomáticos y consulares contra esa forma de empréstito forzoso, e intervienen los señores Ministro de Estados Unidos y Encargado de Negocios de Inglaterra en defensa de sus respectivos nacionales.

Algunos comerciantes, sin embargo, tanto nacionales como extranjeros, ofrecenal Gobierno de la Dictadura sumas de dinero para ayudar en algo en la presenteemergencia.

Febrero 6.-

En la mañana de hoy continúan las gestiones financieras del Gobierno de la Dictadura por conseguir los $200.000; hay más conferencias en el Ministerio de Gobernación, pero sin el resultado deseado.

Crisis Ministerial

En la tarde de hoy se ha producido una crisis ministerial, y a las 5 queda formado un nuevo Gabinete en la forma siguiente:

Gobernación y Justicia: Dr. don Vicente Mejía Colindres. **Relaciones Exteriores:** Dr. Don Rómulo E. Durón. **Fomento y Obras Públicas:** Don Ángel Sevilla.**Guerra y Marina:** Dr. Don Ernesto Argueta. **Hacienda y Crédito Público:** Dr. Don Serapio Hernández y Hernández.**Instrucción Pública:** Dr. Don Federico A. Smith.

Con el cambio parcial del Gabinete se ha suspendido la cuestión del empréstito de $200.000, limitándose el Gobierno de la Dictadura a conseguir pequeñas cantidades de los comerciantes amigos y a sacar mercaderías con órdenes del Ministerio de Guerra.

El doctor Vicente Mejía Colindres, ministro de Gobernación y Justicia en el gobierno de Facto.

Se envía una comisión al general Carías

A instancias del Excmo. Señor Ministro de Estados Unidos, don Franklin E. Morales, ha salido hoy, a las 8 de la mañana, una comisión compuesta de los señores doctor don Manuel G. Zúñiga e Ing. Don Alfredo Membreño, para ir en busca del General Carías, a quien se supone en la frontera de Nicaragua, y rogarle volver pacíficamente a Tegucigalpa para tratar de llegar a un arreglo de la cuestión política.

Nadie se explica el porqué de esa misión tan rara y tan extemporánea; y, desde luego, nadie cree tampoco en la eficacia de la gestión, por más que las personas escogidas reúnan todas las cualidades para tener éxito en cualquiera misión en la que el éxito fuera posible.

Febrero 7.-

Hoy se ha recibido aquí la noticia de que el día 4 fue atacada la plaza de Yoro por una fuerza revolucionaria al mando de los Coroneles don Abraham López y don Emeterio Rivera, muriendo en el combate los Coroneles López y don Timoteo Reyes. Después de tres horas de fuego se han retirado las fuerzas atacantes.

Después de La Esperanza y Marcala, cae también Gracias en poder de la revolución

Hoy ha caído la ciudad de Gracias en poder de la revolución acaudillada por los Generales don Gregorio Ferrera y don Vicente Tosta C.

Febrero 8.-

El Gobierno sigue llamando gente a las armas, y a cada momento entran y salen columnas de tropas.

Febrero 9.- Se habla de nuevos cambios ministeriales, y el General

López Gutiérrez, ha celebrado hoy varias conferencias con el doctor don Juan Ángel Arias, para pedirle, según se rumora, su apoyo a la Dictadura, lo cual hace creer, que si hay cambio de Ministros, será para sustituir Ministros policarpistas por Ministros aristas.

Nueva crisis Ministerial

Febrero 10.-

Crisis ministerial parcial. Dejando sus puestos los Ministros de Gobernación, Guerra y Fomento, señores Mejía Colindres, Sevilla y Argueta; queda el Gabinete reformado como sigue:

Gobernación y Justicia, Dr. Don Francisco Bueso. **Fomento y Obras Públicas,** Dr. Don José María Sandoval. **Guerra y Marina,** Dr. y Coronel don Roque J. López. **Relaciones Exteriores,** Dr. Don Rómulo E. Durón. **Instrucción Pública,** Dr. Don Federico A. Smith. **Hacienda y Crédito Público.** Dr. Don Serapio Hernández y Hernández

Batalla de Jacaleapa

Hoy se ha publicado por boletín oficial la noticia de la batalla librada en Jacaleapa cerca de la frontera de Nicaragua, entre las fuerzas revolucionarias del partido cariísta y las fuerzas dictatoriales, al mando de los Generales Sánchez, Cárcamo, Cámbar, Fonseca y Mejía. Aunque se carece de detalles, se sabe que ha habido muchos muertos y heridos, y el General Cárcamo ha quedado herido y prisionero en poder de la Revolución.

Las fuerzas de la Revolución han tenido que retirarse debido a falta de parque para continuar luchando.

Entre los jefes de las fuerzas revolucionarios estaban los señores Generales don Inocente Triminio y don Camilo R. Reina, y los Coroneles don Pedro Triminio, don Constantino S. Ramos, don Manuel Valladares Núñez, don Ricardo Lozano, don Armando B. Reina, y otros cuyos nombres no tenemos a mano.

En esa batalla los revolucionarios han hecho proezas en valor y en temeridad. El Coronel Armando Reina ha sido mortalmente herido en la lucha, cuando a pecho descubierto se lanzó sobre una ametralladora de las fuerzas dictatoriales.

El Coronel Pedro Triminio ha sido herido de gravedad. Y el Coronel Ricardo Lozano ha recibido cuatro balazos que lo han dejado en estado sumamente grave. Todos estos jefes se han batido con denuedo y heroísmo, a pesar de su inferioridad en armamento.

Imagen de víctimas en algún lugar de Honduras durante la guerra civil del 24.

Caída de Santa Rosa de Copán

Febrero 10.-

Hoy ha caído Santa Rosa de Copán en poder de las fuerzas revolucionarias encabezadas por los Generales Tosta y Ferrera.

Patriótico Manifiesto de los GeneralesTosta y Ferrera

En la ciudad de Santa Rosa de Copán los Generales don Vicente Tosta C. y Don Gregorio Ferrera han dado hoy un vibrante Manifiesto al Pueblo Hondureño. Publicamos a continuación el texto de este importante documento:

"AL PUEBLO HONDUREÑO:

De todos vosotros son conocidos los sacrificios hechos en 1919 luchando por la libertad, o sea por restablecer el imperio de la Constitución violada por un Gobernante que, ofuscado por las pasiones y por el deseo de perpetuar la familia en el poder, violaba los derechos del pueblo con mengua de su soberanía.

Restablecido el orden, surgió el Gobierno del Gral. Rafael López Gutiérrez, prestando la promesa constitucional el 1° de febrero de 1920, promesa que no fue cumplida, pues en la elección de Consejeros Federales, restringió la libertad del sufragio, uno de los principales ideales que acariciara aquella gloriosa revolución.

Y últimamente, observado con imparcialidad el proceso electoral, nadie podrá negar que también ha sido violada la libertad delsufragio con mengua de la Constitución y del buen nombre del Gobierno, preparando así el terreno para que fuera el Congreso y no el pueblo el que hiciese la elección; y coaccionando aquél por una de las agrupaciones patrocinadas por el Ejecutivo, quien en su odio manifiesto a un candidato independiente, obstaculizó todo arreglo entre los candidatos, y por consiguiente, la elección en el Congreso, para asumir la dictadura acariciada de tiempo atrás, dictadura que será efímera, pues el pueblo hondureño no se someterá bajo ningún concepto al yugo de las violaciones de la ley, ya que el Congreso no cumplió con el alto mandato que la Constitución le impone, eligiendo al sucesor legal.

En consecuencia, Occidente, y especialmente el pueblo de Intibucá, se ha indignado ante el que, de manera arbitraria, quiere perpetuarse en el poder, sin haber sido un digno delegado del pueblo en el período constitucional de 1924 a 1928.

Por lo expuesto: Los suscritos, hoy hacen un gesto enérgico de protesta armada, y excitan a sus buenos hermanos hondureños, para que los acompañen en esta cruzada que será una nueva lección para los que, ávidos de mando, hacen caso omiso de la voluntad nacional. Creemos que en estos momentos de angustia para la Patria, los hondureños honrados acudirán gustosos en defensa de la libertad, la justicia yel derecho.

Santa Rosa, 10 de febrero de 1924.

Vicente Tosta.   *G. Ferrera.*

¡La Revolución a 30 kilómetros de la capital!

Febrero 10.-

Un norteamericano venido hoy de la Costa Norte ha traído a Tegucigalpa una noticia que causa verdadero asombro. Todo el mundo, incluso las autoridades de Tegucigalpa y los principales elementos del Partido Nacional, creían hasta hoy que el General Carías se hallaba en la frontera de Nicaragua, junto con las fuerzas del General Triminio. El norteamericano dice que él fue hecho prisionero en el valle de Comayagua por un piquete de revolucionarios que se lo llevó al pueblo de Lamaní; que en Lamaní se encontró con el General Carías, quien tiene allí su Cuartel General desde que salió de Tegucigalpa.

Añade el norteamericano que el General Carías tiene cerca de 2,000 hombres bien armados y equipados y que se prepara a marchar sobre la capital.

El Gobierno Dictatorial, deseando confirmación de la noticia, manda un destacamento a investigar lo que hay de cierto en el relato del norteamericano. La columna de exploración se encuentra con una columna revolucionaria al mando del General Bertrand Anduray; se traba un tiroteo y la columna dictatorial es casi totalmente deshecha por los revolucionarios. Los que escapan regresan a Tegucigalpa e informan de lo sucedido, añadiendo que las fuerzas del General Carías están, no ya en Lamaní, sino escalonadas entre Zambrano y Támara. La Revolución, con 2,000 hombres bien armados y equipados, a 30 kilómetros de Tegucigalpa, y marchando sobre la capital. Ese descubrimiento, que entre muchas cosas viene a probar el malísimo serviciode espionaje del Gobierno Dictatorial, produce un pánico indescriptible. Dicho Gobierno, a toda prisa, manda ocupar militarmente los cerros del Picacho, Berrinche, Sipile y Juana Laínez y coloca en ellos fuertes destacamentos de tropa con cañones y ametralladoras. El comercio cierra sus puertas, y Tegucigalpa, presa del temor de una lucha sangrienta en las calles de la capital, permanece, decaída y angustiada, esperando el ataque de un momento a otro.

El Ministro de Estados Unidos intenta celebrar una entrevista con el Gral. Carías

Febrero 11.-

El Ministro de Estados Unidos, Sr. Franklin E. Morales, acompañado del señor Ingeniero don Luis Bográn y del Doctor don Rodolfo Espinosa, ha ido a celebrar una conferencia con el General Carías; no se sabe cuál es la misión de los señores Morales, Bográn y Espinosa, pero la iniciativadel viaje parece haber salido del General López Gutiérrez.

En la tarde regresa el Sr. Ministro Morales con el Dr. Espinosa, habiéndose quedado el Ingeniero Bográn con el Gral. Carías. Parece que el Sr. Morales no llegó hasta el campamento del General Carías, por estar éste demasiado lejosde la carretera, continuando el Ingeniero Bográn el viaje a pie. Y nada más se sabe de esta misión.

Las fuerzas del General Carías continúan en la Carretera del Norte, de Támara para abajo. Al ver que llega la tarde de hoy sin que la capital haya sido atacada, renace la calma en los ánimos y los comerciantes hablan de abrir mañana sus tiendas, si nada ocurre durante la noche.

Se anuncia hoy que el Dr. don Salvador Córdova ha dejado de ser Ministro de Honduras en Washington, y que la Legación ha quedado a cargo de la de Guatemala.

Febrero 12.-

El señor doctor don Carlos Alberto Uclés es nombrado Ministro de Relaciones Exteriores y el doctor don Rómulo E. Durón, que lo era interinamente, queda encargado de la Subsecretaría.

Caída de Santa Bárbara en poder de la Revolución.

Febrero 13.-

El comercio ha abierto ayer sus puertas, confiado en que el ataquea la capital por el General Carías ha sido suspendido por ahora.

Se sabe hoy que el Gobierno de Estamos Unidos ha roto el 5 del corriente sus relaciones diplomáticas con el Gobierno Dictatorial.

Pocos días antes de proclamarse la Dictadura se dio a conocer a algunas personas un cablegrama del Departamento de Estado, dirigido a la Legación en Tegucigalpa, en el cual se declaraba que el Gobierno de Estados Unidos posiblemente reconocería la Dictadura con tal de que se llenaran ciertas condiciones. Nosotros tuvimos en nuestras manos una copia de lo que se nos dijo era el cablegrama original.

Seguramente no debieron llenarse las condiciones estipuladas, puesto que no sólo no reconoce Estados Unidos al Gobierno de la Dictadura, sino que, yendo más allá, ha roto sus relaciones diplomáticas con el actual orden de cosas. Según se ha sabido hoy, esa ruptura tuvo lugar el 5 del corriente, pero tanto la Legación de Estados Unidos como el Gobierno Dictatorial, la habían tenido secreta.

Ataque a San Marcos de Colón

Hoy ha sido atacada la plaza de San Marcos de Colón por el General Francisco Martínez Funes, resultando unos 45 muertos de ambas partes. La plaza resistió el ataque, y el General Martínez Funes se ha retirado hacia la frontera de Nicaragua.

Febrero 14.-

Ha desaparecido por ahora la inminencia de un ataque a la capital por el General Carías. En efecto, hoy se supo que el General Carías salió de Lamaní con su gente el día 9 llegando hasta Támara, continuando de allí para Río Hondo, Cedros, Cantarranas y hacia la frontera de Nicaragua. El Gobierno Dictatorial ha hecho salir hoy una fuerte columna al mando del General don Julio Peralta, con instrucciones de atacar al General Carías en donde lo encuentre.

Hoy ancló en la rada de Amapala el crucero norteamericano *Milwaukee*, de 7,200 toneladas y 110,000 caballos de fuerza. El *Rochester* está desde hace algunos días en Puerto Cortés.

Esta mañana salió para El Salvador y Guatemala el señor doctor don José Ángel Zúñiga Huete, quien se dice va en misión de la Dictadura ante los Gobiernos de aquellas Repúblicas hermanas.

El General don Román Díaz M. ha sido nombrado Comandante Militar de Tegucigalpa, don Arturo Pineda Arias, Gobernador Político; y don Salvador Erazo Cálix, Cirujano Militar de la guarnición.

Febrero 15, 16 y 17.-

Tres días sin noticias de ninguna clase, aunque es evidente que ocurren cosas de importancia en el interior del país.

Febrero 18.-

El Gobierno Dictatorial anuncia que el General don Leonardo Nuila ha recuperado la plaza de La Paz, después de un corto tiroteo con las fuerzas revolucionarias del Coronel don Moisés Nazar.

Febrero 19.-

El Coronel Nazar ha tomado nuevamente La Paz.

Foto de un joven Ángel Zúniga Huete. Años más tarde jugaría un papel nefasto en la guerra del 24.

Batalla del Pedregalito

Febrero 20.-

El General Peralta ha llegado anoche a Alauca, a cuatro leguas del Pedregalito y Sabana Redonda, donde se halla el General Carías con su ejército. Hoy a las 5 de la mañana entablóse un reñido combate que ha durado casi todoel día. Hay muchos muertos y heridos.

En esa batalla pelearon valerosamente los revolucionarios, y a pesar de su peligrosa escasez de parque, sostuvieron durante largo tiempo el fuego de las fuerzas dictatoriales, distinguiéndose entre los jefes revolucionarios los señores Generales don J. Inocente Triminio, don Mariano Sanabria y don Camilo R. Reina, y los Coroneles don Pedro Triminio, don Calixto Carías, don Constantino S. Ramos, don Manuel Valladares Núñez y otros cuyos nombres sentimos no tener. El Coronel Carías ha sido gravemente herido y no se le ha podido hallar después de la batalla. Por falta de parque y suficiente armamento, las fuerzas revolucionarias han tenido que abandonar el terreno a los dictatoriales.

El General Ferrera ataca Comayagua

Febrero 21.-

El General Ferrera ha atacado temprano esta mañana la importante plaza de Comayagua.

Febrero 22.-

Sigue peleándose encarnizadamente en Comayagua y las fuerzas del General Ferrera van ganando terreno cada momento.

Hoy ha regresado de Guatemala y El Salvador el Dr. don Ángel Zúñiga Huete.

Después de una serie de terribles combates cae Comayagua en poder del General Ferrera

Febrero 23.-

Después de dos días y una noche de terrible lucha, ha caído hoy la importantísima plaza de Comayagua en poder del ejército revolucionario encabezado por el General Ferrera. Del Dr. don José María Ochoa Velásquez yel Coronel don Salomón Sorto Z., que defendían la plaza no hay noticias.

Febrero 24.-

Hoy llegaron a Tegucigalpa salvos y sanos los señores Dr. Ochoa Velásquez y Coronel Sorto.

El General Ferrera envía una Comisión pidiendo la entrega de la plaza de Tegucigalpa

Procedente de Comayagua ha llegado hoy una comisión compuesta de los señores General don Evaristo Enríquez, Dr. B. D. Guilbert y Fray Gregorio de Beire; viene esta Comisión en nombre del General Ferrera con una carta suya pidiendo la entrega de la plaza de Tegucigalpa. El General Enríquez visita primero al Sr. Ministro de Estados Unidos y le expone la solicitud del General Ferrera.

Febrero 25.-

A iniciativa del Sr. Ministro de Estados Unidos y en vista de la misión enviada por el General Ferrera, el Cuerpo Diplomático se reúne en la Legación norteamericana y resuelve ir con el General Enríquez a entrevistarse con el Gobierno y discutir la solicitud del General Ferrera y tratar de evitar que se pelee en Tegucigalpa.

A las 11 de la mañana se celebra la conferencia en la Mansión Presidencial, estando presentes el Sr. General López Gutiérrez, su Gabinete, el Cuerpo Diplomático y el General Enríquez, en su carácter de Comisionado del General Ferrera. El General López Gutiérrez lee la carta del General Ferrera y oye las explicaciones que da el General Enríquez y las observaciones que hace el Cuerpo Diplomático en el sentido de evitar una lucha armada en Tegucigalpa. Dice el General López Gutiérrez que bajo ningún concepto entregará al General Ferrera la plaza de Tegucigalpa; que el Gobierno está dispuesto a resistir a cualquier ataque; pero que cree no habrá necesidad de pelear en la capital.

Los miembros de la comisión enviada por el General Ferrera son retenidos en la capital con orden de no intentar salir de la ciudad.

El Dr. don José María Ochoa Velásquez es nombrado Ministro de Hacienda y Crédito Público, en lugar del Dr. don Serapio Hernández y Hernández; y el Dr. don Marcial Lagos Ministro de Instrucción Pública, en lugar del Dr. don Federico A. Smith. El Dr. don Carlos Alberto Uclés renuncia del cargo de Ministro de Relaciones Exteriores, y el Subsecretario del Ramo, Dr. don Rómulo E. Durón, se hace cargo nuevamente de la Cartera.

Febrero 26.-

El Gobierno manda un fuerte ejército a Zambrano con objeto de detener el avance del General Ferrera sobre la capital.

Febrero 27.-

Sigue saliendo tropa para Zambrano. Se organiza la Cruz Roja Militar, se despacha un poderoso tren de guerra a Zambrano y se hacen preparativos para una gran batalla.

Los Gobiernos de España, Inglaterra, Francia, China e Italia han puesto en manos del de Estados Unidos la protección de sus nacionales en los lugares de Honduras donde ellos no tienen representantes diplomáticos ni consulares.

La gran batalla librada en Trincheras, Cofradía y Palmar

Marzo 1.-

En la Costa Norte se ha librado una batalla que ha durado tres días y ha sido decisiva en cuanto se refiere a San Pedro Sula; se puede asegurar que de esta batalla depende la suerte de toda la Costa Norte, pues que en ella tomó parte el grueso del Ejército con lo más granado de los jefes gobiernistas.

Fracasada la conferencia de Búfalo entre el General Lagos y las fuerzas revolucionarias, supo el General Tosta que las fuerzas del General Lagos lo iban a atacar en la noche del 27. El ejército revolucionario, fuerte de unos 2,000 hombres, se hallaba en Calpules, posición malísima para sostener una ofensiva contra fuerzas numéricamente muy superiores, y durante la noche se traslada a las alturas de Trincheras para combatir las del General Lagos: 6,000 hombres, bien equipados.

Comprendió el General Tosta que su salvación consistía en un golpe de estrategia, dejando al valor de su Ejército la suerte de la batalla. Dejó en Calpules unos 60 hombres, con numerosas banderas, para engañar al enemigo, mientras él, el General Tosta, con el grueso de sus fuerzas, se trasladaba a marcha forzada a las alturas antes dichas de donde pudiera dominar a los dictatoriales y atacarlos emprendiendo un movimiento envolvente.

Y en efecto, a las 8 de la mañana las fuerzas dictatoriales atacan las posiciones revolucionarias en Calpules (Agua Prieta), asaltándolas y tomándolas sin mayor dificultad, ya que los 60 hombres que allí había dejado el General Tosta no tenían por objeto defenderlas sino atraer allí al enemigo.

En ese momento el General Tosta llega con su ejército, en cuyos lugares, Las Trincheras, Cerro Will, Cofradía, Palmar y Choloma, se combate duramente durante tres días, -27, 28 y 29- y el Ejército dictatorial va gradualmente cediendo terreno, hasta que, comprendiendo que tiene la batalla perdida y viéndose en peligro de ser completamente derrotado, emprende la retirada hacia el noroeste, dejando San Pedro Sula a merced de la Revolución.

La estrategia del General Tosta ha triunfado, ha triunfado su estrategia y el valor de su tropa. También los dictatoriales se han batido con valor y arrojo, pero con menos estrategia.

Para el Gobierno de la Dictadura es un golpe de gran efecto, pues todas sus esperanzas se cifraban en el ejército del General Lagos, quien tenía a sus órdenes en la Costa 6,000 hombres al mando de sus mejores jefes, como eran los Generales Salvador M. Cisneros, Ángel Matute, Arturo Matute, Ceferino Delgado, Fidel Carías, J. B. Mendoza, L. Del Cid, Simón Aguilar, Manuel Antonio López, Romualdo Figueroa, Luis Mejía Moreno, Eusebio Bonilla, Gonzalo Navarro, Espinoza y cuatro más.

En esta batalla, que pone en manos del General Tosta la llave de la Costa Norte, ha habido centenares de muertos y heridos.

El ejército dictatorial se aleja hacia la frontera de Guatemala, batiéndose en retirada; no huye: se retira para tratar de reorganizarse y presentar acción nuevamente; pero el General Tosta encarga al valiente General don José León Castro que persiga al ejército dictatorial, mientras él con una parte de su columna marcha a someter La Ceiba.

Muerte del Dr. Marcos Carías

Marzo 2.-

El distinguido hombre público Dr. Don Marcos Carías A. ha muerto hoy repentinamente en la residencia de don Antonio Lardizábal, donde se hallaba hospedado desde hace algunos días.

El General Tosta toma posesión de San Pedro Sula

Marzo 3.-

Hoy entró triunfalmente en San Pedro Sula el General don Vicente Tosta C., a la cabeza de su ejército.

Memorándum del Cuerpo Diplomático presentado al Gobierno

Marzo 4.-

El Cuerpo Diplomático ha presentado hoy al Gobierno el siguiente Memorándum:

"MEMORÁNDUM"

El Cuerpo Diplomático acreditado en Honduras considera como un deber suyo llamar la atención del Gobierno sobre los puntos siguientes:

1°.- Es evidente que Tegucigalpa está en vísperas de ser atacada por las fuerzas revolucionarias que han estado operando en los alrededores de la capital.

2°.- Es asimismo evidente que una lucha en esta ciudad causará un gran número de víctimas inocentes entre la población civil de la capital; tanto entre los elementos nacionales como entre los extranjeros, sin contar los grandes perjuicios materiales que ocasionará una lucha armada en las calles de Tegucigalpa.

3°.- No es ya ningún secreto que el Gobierno de Honduras está dispuesto a resistir, a pesar de que las principales poblaciones de la Costa Norte están ya en poder de la Revolución, y que una resistencia en la capital no puede en ningún caso dominar el movimiento revolucionario que ya se ha extendido por todo el país, causando grandes pérdidas en vidas y en propiedad.

4°.- En tal virtud, el Cuerpo Diplomático se ve obligado a rogar al Gobierno busque un camino para evitar un ataque a la capital, ya sea entrando en pláticas con las fuerzas revolucionarias que la amenazan, ya sea saliendo a luchar fuera del radio de la capital, ya sea depositando el poder en un Consejo de Ministros que inspire confianza al país y que sea garantía de paz inmediata, evitando así derramamiento de sangre y destrucción de propiedad.

5°.- El Cuerpo Diplomático, al hacer esta solicitud, no lleva en mira favorecer a ningún grupo o partido, sino otorgar protección a los elementos extranjeros y nacionales que han apelado a él para que se evite la catástrofe que significaría para la capital y el país, una lucha armada en esta capital. Y como es deber nuestro, como representantes oficiales de nuestros respectivos países, proteger nuestros nacionales, y como es deber también de humanidad evitar el derramamiento de sangre que implicaría el ataque a la capital, nos permitimos rogar al Gobierno tomar una decisión inmediata sobre tan grave asunto.- 4 de marzo de 1924."

Batalla de Zambrano

Marzo 4.-

Hoy ha tenido lugar la batalla de Zambrano entre las fuerzas dictatoriales y las del General Ferrera. Han triunfado las armas revolucionarias y el ejército dictatorial ha tenido que retirarse precipitadamente a la capital, abandonando un cañón y muchos pertrechos de guerra.

Al dar cuenta de este combate el General Ferrera dice:

"Ayer, a las 4 y 30 p.m., de improviso chocamos con el enemigo fuertemente atrincherado en estos campos. Nuestra caballería fue sorprendida y casi deshecha; pero inmediatamente fue apoyada por los valientes coroneles Cristóbal Gutiérrez, Pedro G. Domínguez, Fulgencio Machado y Blas Domínguez. Los fuegos se iniciaron con extremada violencia. A las 5 y media se ordenó a los coroneles Pragedes García y Juan Z. Pérez un ataque por nuestra derecha, que se efectuó con energía. Este ataque principió a hacer vacilar al enemigo. A las 7 de la noche se ordenó una carga a machete. Así logramos quitar a las fuerzas de la dictadura sus primeras posiciones; pero el combate continuó durante la noche y con suerte varió hasta hoy a las 8 de la mañana, que triunfamos definitivamente. Fueron deshechos mil trescientos hombres, provistos de artillería, ametralladoras y abundantes cartuchos, comandados por los generales Máximo B. Rosales, Julio Peralta, Francisco Cardona y Fonseca y varios coroneles que recibían constantemente auxilios en hombres y armas de la capital. Capturamos 2 ametralladoras Thompson y parte del tren de guerra. Entre nuestros muertos figura el malogrado coronel Cristóbal Gutiérrez, y heridos los coroneles Machado y Domínguez (Pedro G.) y varios otros que oportunamente nominaré. Nuestros heridos han sido llevados ya para Comayagua. El desastre de los dictatoriales ha sido completo; pero hemos necesitado hacer grandes esfuerzos, ya que los elementos que combatimos constituían lo esencial y selecto para la Dictadura.- Servidor y amigo.- G. Ferrera".

Como en lo sucesivo nos hemos de referir a menudo al Cuerpo Diplomático, es bueno consignar aquí quiénes lo componen, haciendo constar que el señor Dr. don Diego Robles, Encargado de Negocios de Costa Rica, probablemente por su carácter de diplomático *ad honorem* y también por ser empleado del Gobierno (es Director del Hospital), no figura en el Cuerpo Diplomático en las gestiones hechas hasta ahora o que en lo sucesivo se hagan por los representantes extranjeros.

Forman el Cuerpo Diplomático: el Excmo. Señor don Franklin E. Morales, Ministro Plenipotenciario y Enviado Extraordinario de Estados Unidos; el Excmo. Señor don Anselmo Rivas G., Ministro Plenipotenciario y Enviado Extraordinario de Nicaragua; el Honorable señor don G. Lyall, Encargado de Negocios de Inglaterra; el Honorable señor doctor don Pablo Campos Ortiz, Encargado de la Legación de México; El Honorable señor doctor don José María Bonilla, Encargado de Negocios de Guatemala y el Honorable señor doctor don Bernardino Larios h., Encargado de Negocios de El Salvador.

Salida del Dr. Arias

Marzo 5.-

Esta mañana salió para El Salvador y Guatemala el Dr. don Juan

70

Ángel Arias. Hoy tuvo lugar otra conferencia del Cuerpo Diplomático con el Gobierno de la Dictadura a fin de ver si, ahora que el resultado de la batalla de Zambrano ha abierto al General Ferrera el camino de la capital, se puede llegar a un arreglo entre el Gobierno y la Revolución, para evitar el ataque a Tegucigalpa. Sin resultado.

Marzo 6.-

Don Maximiliano Vásquez es nombrado Director General de Policía.El General López Gutiérrez está gravemente enfermo.

Caída de Puerto Cortés en poder de la Revolución

Puerto Cortés cae en poder de la Revolución.

El General Ferrera avanza sobre la capital

Marzo 7.-

El General Ferrera ha avanzado con su ejército hasta las alturas de Santa Cruz, a dos leguas de la capital.

Marzo 8.-

Nuevamente se produce el pánico en Tegucigalpa al ver que es inminente un ataque a la ciudad. Los comerciantes cierran sus tiendas y los habitantes se encierran en sus hogares.

Caída de Tela

Tela ha caído hoy en poder de las fuerzas de la Revolución.

Incendio y destrucción del edificio de Correos

Marzo 9.-

El edificio de Correos, Almacén Nacional y Administración General de Rentas es destruido por un incendio, perdiéndose una

71

gran cantidad de correspondencia recientemente llegada del Sur, incluso muchos paquetes postales.

Comunicación del Gral. Ferrera al Cuerpo Diplomático

El Gral. Ferrera dirige una comunicación al Cuerpo Diplomático, por medio del señor Ministro de Estados Unidos, manifestando que si el Gobierno no le entrega la capital, él se verá obligado a tomarla por asalto. El Cuerpo Diplomático se reúne en la Legación norteamericana y visita al Gobierno, ofreciendo nuevamente su amistosa mediación para ver si hay modo de llegar aun arreglo que traiga la paz y evite el ataque a la capital con su correspondiente derramamiento de sangre.

El Gobierno se muestra poco dispuesto a entrar en arreglo alguno con la Revolución, pero dice al Cuerpo Diplomático que pida al General Ferrera las condiciones en que aceptaría la paz.

Vuelve el Cuerpo Diplomático a la Legación de Estados Unidos, y allí se discute la cuestión de declarar una Zona Neutral en Tegucigalpa para que se refugien en ella los miembros de las colonias extranjeras y la población civil hondureña.Y para hacer respetar esa Zona, el señor Ministro de Estados Unidos se propone hacer venir un contingente de marinos del crucero Milwaukee.

Los Diplomáticosallí presentes aceptan la idea, con excepción del señor Representante de México, Dr. don Pablo Campos Ortiz, quien dice que él no puede dar su aprobación a semejante medida, porque su Gobierno, en principio, es enemigo de toda intervención extranjera en asuntos internos de otro país, aunque el objeto sea simplemente mantener el orden, y de carácter provisional.

El señor Encargado de Negocios de Guatemala, don José María Bonilla, no ha asistido a las deliberaciones en la Legación de Estados Unidos, acerca de la traída de marinos, y por lo tanto no se sabe cuál sea su opinión sobre este asunto. El Ministro de Estados Unidos ha dado órdenes al crucero *Milwaukee* para que desembarque 125 marinos y los despache a Tegucigalpa.

El Cuerpo Diplomático se traslada al campamento del General Ferrera

Marzo 10.-

El Cuerpo Diplomático se traslada al campamento revolucionario situado en los cerros de Santa Cruz, a dos leguas de la capital, y allí celebra una larga entrevista con el General Ferrera, quien, a solicitud del Cuerpo Diplomático, ofrece un armisticio de 72 horas para ver si se llega a un arreglo que restablezca la paz. Sus condiciones son que el Gobierno debe entregarle la plaza incondicionalmente; que se formará un Gabinete compuesto de dos ministros de cada uno de los tres partidos; que él será nombrado Comandante en Jefe de las fuerzas de la República; que sus tropas ocuparán Tegucigalpa, y las del Gobierno serán acuarteladas en Comayagüela.

El Cuerpo Diplomático a punto de perecer

Cuando el Cuerpo Diplomático, en su viaje al campamento del General Ferrera iba ya cerca de Santa Cruz, por la Carretera del Norte, salió del monte un soldado y colocó rápidamente una bomba, con la mecha encendida, en medio del camino por donde iba a pasar el automóvil; éste no tuvo tiempo de parar, ni había modo de desviarse de la carretera.

Un oficial, el Coronel don Napoleón Cubas Turcios, al fijarse bien en la bandera del automóvil, vio que era la norteamericana, en vez de la bandera rojiblanca del Gobierno Dictatorial, que él había creído ver cuando aún el auto estaba algo lejos. El Coronel Cubas, desde su escondite, en la orilla de la carretera, se dio cuenta del grave error y de lo que iba a suceder dentro de unos segundos; dio un salto, echó a correr hacia la bomba y, con peligro de su propia vida, separó de un machetazo la mecha encendida de la bomba; esto en el preciso momento en que el automóvil, llevando los diplomáticos, llegaba al lugar del peligro.

Sin la oportuna y valiente intervención del Coronel Cubas

Turcios, habría volado el automóvil con todo el Cuerpo Diplomático.

El machete salvador, que es ahora un objeto de verdadero mérito histórico, fue obsequiado al señor Encargado de Negocios de México, Licenciado don Pablo Campos Ortiz, por el General Ferrera, al tener conocimiento del hecho ocurrido.

Que si no es por este machete y el brazo que tan diestramente lo supo manejar, México, Guatemala, Inglaterra y Estados Unidos estarían hoy de luto; y Honduras no tendría Cuerpo Diplomático en Tegucigalpa.

Ultimátum del General Ferrera

En la Conferencia celebrada por el Cuerpo Diplomático con el General Ferrera, éste ha fijado como término del Armisticio el día 13 a las 5 de la tarde. Si a esa hora del día 13 el Gobierno Dictatorial no ha resuelto entregarle la plaza, se romperán las hostilidades y empezará el ataque a la capital.

El Consejo de Ministros asume el Poder Ejecutivo y restablece la Constitución de 1894

El Consejo de Ministros ha dado hoy el siguiente decreto:

"Decreto N° 2.- El Consejo de Ministros del Gobierno Provisional de la República, Considerando: que el Congreso Nacional se disolvió de hecho el treinta y uno de enero último, sin haber declarado ni practicado la elección de Presidente y Vicepresidente de la República para el período que debió empezar el primero de febrero y sin haber nombrado los Designados a la Presidencia para el presente año, razón por la cual el señor Presidente Constitucional, General don Rafael López Gutiérrez, por decreto de aquella fecha, a las doce dela noche, se vio en el caso de asumir todos los Poderes del Estado mientras se inaugura el régimen Constitucional.

Considerando: que el Gral. Don Rafael López Gutiérrez se encuentra imposibilitado de ejercer las funciones de Presidente Provisional, por estar gravemente enfermo; y que es llegado el caso previsto por el Art. 107 de la Constitución Política;

Por tanto:

DECRETA:

Art. 1°- Mientras se reúne la Asamblea Nacional Constituyente, que se manda aconvocar en el decreto citado de treinta y uno de enero pasado, el Consejo de Ministros ejercerá el Poder Ejecutivo de la República.

Art. 2°- Se declara restablecido el imperio de la Constitución Política, promulgada el catorce de octubre de mil ochocientos noventa y cuatro, en cuanto fuere compatible con las necesidades del Gobierno actual.

Dado en Tegucigalpa, a las tres de la tarde del día diez de marzo de mil novecientos veinticuatro.

El Secretario de Estado en el Despacho de Gobernación y Justicia, *F. Bueso.-* El Secretario de Estado en el Despacho de Guerra y Marina, *R.J. López.-* El Secretario de Estado en el Despacho de Hacienda y Crédito Público, *José Ma. Ochoa V.-* El Secretario de Estado en el Despacho de Relaciones Exteriores, *Rómulo E. Durón.-* El Secretario de Estado en el Despacho de Fomento, Obras Públicas y Agricultura, *José Ma. Sandoval.-* El Secretario de Estado en el Despacho de Instrucción Pública, *Marcial Lagos.*

Muerte del General López Gutiérrez

Hoy a las 4 de la tarde ha fallecido el General don Rafael López Gutiérrez, Jefe del Gobierno y Dictador de la República.

En la noche de hoy, como a las 8, estalla un nutrido tiroteo que el público interpreta como un ataque a los cuarteles. Han estallado varias bombas frentea la casa del Dr. Policarpo Bonilla, donde ha empezado el tiroteo, continuando después en los alrededores del cuartel de San Francisco. La población está sumamente alarmada. A las 10 de la noche reina silencio completo en laciudad.

Marzo 11.-

El Gobierno guarda secreto sobre lo ocurrido anoche y dice que fue un simple "escándalo"; no hay detalles del número de muertos y heridos durante el tiroteo, pero se sabe que ha habido algunos; lo que hay de cierto es que no fue un ataque a los cuarteles, sino un combate entre soldados aristas y policarpistas al servicio del Gobierno y una intentona contra la casa del Dr. Bonilla.

En vista de lo ocurrido anoche, el Dr. Bonilla abandona hoy su casa y busca refugio en otra más segura, donde permanece oculto.

Habiéndose concertado un armisticio de tres días con el General Ferrera y creyendo el Cuerpo Diplomático que ya no habrá ataque a la capital, el Sr. Ministro de Estados Unidos ha dado ayer a los marinos que venían a Tegucigalpa orden de reembarcarse; y anoche salieron de San Lorenzo regresando al *Milwaukee*.

El Gobierno no acepta las condiciones del General Ferrera para la capitulación yhace contrapropuestas.

El Presidente de El Salvador propone una Conferencia de Paz

Mientras tanto se ha recibido hoy un telegrama del Sr. Presidente de la República de El Salvador, Dr. don Alfonso Quiñónez Molina, participando que, de acuerdo con los Gobiernos de Guatemala y Nicaragua, y con el beneplácito del de Estados Unidos, él ha iniciado una Conferencia que se habrá de celebrar en Amapala a la mayor brevedad posible con el objeto de restablecer la paz en Honduras. Añade que ya se ha dirigido al General Ferrera, quien le ha contestado aceptando la idea; pide la aceptación del

Gobierno de la Dictadura para proceder al nombramiento de los Delegados.

En dicha Conferencia deberán tomar parte Delegados de los tres Gobiernos mediadores, del Gobiernode la Dictadura y del General Ferrera.

El Consejo de Ministros, encargado del Poder desde ayer, acepta la iniciativa de Conferencia y manifiesta al Cuerpo Diplomático que, en vista de la iniciativa del Presidente Quiñónez, debe extenderse el plazo del armisticio a 8 días, a fin de dar tiempo para la reunión de la Conferencia, ya que el problema hondureño está ahora en manos de los Gobiernos mediadores.

El Cuerpo Diplomático visita nuevamente al General Ferrera, quien ha trasladado su Cuartel General a los llanos del Toncontín, ocupando la Estación inalámbrica y el Estiquirín. El General Ferrera acepta gustoso de ir a la Conferencia, pero no puede extender el armisticio sino entregándosele la plaza, pudiendo continuar después las gestiones de la Conferencia con el fin de solucionar el problema de Honduras.

Marzo 12.-

El día de hoy pasa en conferencias entre el Cuerpo Diplomático, y elGeneral Ferrera. El Consejo de Ministros ha presentado una queja al Cuerpo Diplomático por haber ocupado las fuerzas del General Ferrera el Estiquirín y el Toncontín, cortando las comunicaciones del Gobierno de Tegucigalpa. El General Ferrera dice, a ese respecto, que él no se ha comprometido a mantener libre para el Consejo de Ministros la Carretera del Sur, y que sus tropas no han violado ninguna de las condiciones del armisticio, como lo puede constatar, y como en efecto lo reconoce el Cuerpo Diplomático. El Gobierno de Nicaragua ha manifestado hoy que es su deseo que también el General Carías sea invitado a participar en la Conferencia de Amapala y que ya ha sido nombrado el Dr. don Paulino Valladares para ir como Delegado del General Carías. Al mismo tiempo pide garantías para el Dr. Valladares a su llegada a Amapala.

Pero la opinión general es que la tal Conferencia no se llevará a efecto.

En la última entrevista que ha tenido hoy el Cuerpo Diplomático con el General Ferrera, éste ha confirmado su ultimátum al Consejo de Ministros haciendo notar que el armisticio se vence mañana a las 5 de la tarde.

El General Carías se dirige al Cuerpo Diplomático

Marzo 12.-

El Sr. Ministro de Estados Unidos ha recibido hoy una comunicación del General Carías, con copias para otros miembros del Cuerpo Diplomático, pidiendo la entrega de la plaza antes de mañana a las 3 de la tarde. La carta del General Carías lleva fecha del 10 y viene del lugar llamado La Ciénaga. El ultimátum del General Carías es comunicado al Consejo de Ministros, pero éste dice que el General Carías "está muy lejos para que sea una amenaza para la capital".

En la tarde, como a las 5, regresa el Cuerpo Diplomático de su visita al General Ferrera, y viene convencido de que el ataque a Tegucigalpa es inevitable. Da, pues, por terminada su gestión y por fracasada la iniciativa de la Conferencia deAmapala.

Caída de La Ceiba

Marzo 13.-

Después de una lucha de varios días, ha caído hoy La Ceiba en poder de las fuerzas revolucionarias del ejército del General Tosta, al mando inmediato de él y el General don Filiberto Díaz Zelaya y otros prestigiados jefes. Ha habido muchos muertos y heridos, y una parte de la ciudad fue destruida por el incendio antes de este ataque.

Marzo 13.-

En la mañana de hoy el Cuerpo Diplomático celebra una última conferencia en la Legación norteamericana, y hace un postrer esfuerzo por evitar el ataque a Tegucigalpa. A las 11 visita al Consejo de Ministros, y después de una larga discusión sobre la gravedad del momento, y a instancias del Encargado de Negocios de Inglaterra, Sr. Lyall, le entrega el siguiente Memorándum:

Histórico Memorándum entregado al Consejo de Ministros por el Cuerpo Diplomático

He aquí el texto completo del Memorándum entregado al Consejo de Ministros por el Cuerpo Diplomático:

"MEMORÁNDUM.- Habiendo llegado al último día del Armisticio concertado entre el General Ferrera y el Gobierno, el Cuerpo Diplomático desea hacer una corta recapitulación de sus esfuerzos para evitar la lucha armada en la capitalde la República y las desastrosas consecuencias que son inevitables si se lleva a efecto esa lucha en Tegucigalpa.

Después de la caída de Comayagua, el General Ferrera se dirigió al Cuerpo Diplomático, poniendo en su conocimiento que si la plaza de Tegucigalpa no eraentregada y el Gobierno depositado en manos de un Consejo de Ministros, cuyos miembros serían designados enseguida de entre personas de varios colores políticos, él, el General Ferrera se vería obligado a atacar la capital. Intervino el Cuerpo Diplomático en el sentido de evitar dicho ataque, ofreciendo sus buenos oficios para cooperar en busca de una solución pacífica.

Esto fue el4 de marzo. El Gobierno, entonces, por medio del señor Presidente, General López Gutiérrez, dijo al Cuerpo Diplomático que el General Ferrera no era un peligro inminente, pues que las tropas del Gobierno le atacarían en las cercanías de Zambrano, y que el Gobierno estaba convencido de que podría dominar la situación; y puesto que entre la capital y la revolución habíaentonces un ejército del Gobierno, que se alistabas a pelear en campo abierto lejos de Tegucigalpa, el Cuerpo Diplomático se apartó y dejó que se desarrollaran los acontecimientos.

Vino la batalla de Zambrano, que resultó en una retirada de las tropas gobiernistas a la capital, y el consiguiente avance de la Revolución hasta los cerros de Támara, Santa Cruz, etc., ya en las inmediaciones de Tegucigalpa. Yel 9 de marzo, el General Ferrera se dirigió nuevamente al Cuerpo Diplomático, pidiendo que el Gobierno entregara la plaza si se quería evitar la lucha armada.

Se puso el Cuerpo Diplomático al habla con el Gobierno, y presentando la situación a éste, le hizo ver la conveniencia de evitar que se peleara en la capital; entonces el Gobierno dijo que al confirmarse la noticia de la caída de la Costa Norte en manos de la Revolución, no habría inconveniente en entrar con el General Ferrera en algún arreglo de capitulación que evitara más derramamiento de sangre. Fue el Cuerpo Diplomático a entrevistarse con el General Ferrera, y se concertó una tregua para mientras se lograba hacer algúnarreglo de paz entre el Gobierno y la Revolución.

Mientras tanto, el señor Presidente de El Salvador, Doctor don Alfonso Quiñónez Molina, había iniciado, de acuerdo con los Gobiernos de Guatemala y Nicaragua, un armisticio que permitiera la inmediata reunión de una conferencia para solucionar el problema todo de la cuestión política hondureña.

Y el General Ferrera, en vista de esa iniciativa, aceptó un armisticio de tresdías, plazo que termina hoy a las 5 p.m.

Ayer el Gobierno presentó al Cuerpo Diplomático un Memorándum de condiciones en que se queja de que el General Ferrera ha roto el armisticio, y pide, además, que se extienda el plazo del armisticio para mientras se reúne la conferencia.

El General Ferrera no acepta más extensión, y su ultimátum es que si hoy a las 5 de la tarde no se le ha entregado la plaza, él la atacará para tomarla.

Toda la gestión del Cuerpo Diplomático durante este tiempo ha sido inspirada única y exclusivamente a evitar el derramamiento de sangre y la destrucción de propiedad, que significa la lucha armada en Tegucigalpa. Nada tiene que ver el Cuerpo Diplomático con la parte política del problema; nada le importa el color político de un bando u otro, ni le interesa tampoco saber los fines políticos de unos y otros. Lo único que sí le interesa al Cuerpo Diplomático es la parte humanitaria de esta grave situación. El fin que ha perseguido el Cuerpo Diplomático ha sido evitar los peligros de la lucha armada en Tegucigalpa, pues que de llevarse a cabo ésta, sufrirán no sólo las partes beligerantes, sino también la población civil, incluso ciudadanos e intereses extranjeros.

El Cuerpo Diplomático tiene conocimiento positivo de que las plazas de La Ceiba, San Pedro, Puerto Cortés y Tela, están en poder de la Revolución, y con tal motivo, recuerda las palabras del ahora difunto señor Presidente López Gutiérrez, quien dijo, después de la batalla de Zambrano, que al tenerse confirmación de la caída de la Costa Norte, el Gobierno trataría de poner término a su resistencia, buscando un modo de pactar con la Revolución y volver a la paz.

El Cuerpo Diplomático está convencido que tanto el Gobierno como las fuerzas del General Ferrera han respetado el armisticio, y nada tiene que decir sobre el particular.

Pero el punto capital en todo esto es que hoy a las 5 se cumple el plazo del armisticio. Quiere el Cuerpo Diplomático llamar una vez más la atención de los honorables miembros del Gobierno sobre los muchos males y graves consecuencias que traerá para la población de Tegucigalpa una lucha armada. En todos los países y en todas las épocas, desde que el mundo se preocupa por la humanidad, el Cuerpo Diplomático ha acostumbrado ofrecer su mediación amistosa cuando surgen problemas que entrañan derramamiento de sangre humana; y no podía esta vez el Cuerpo Diplomático acreditado en Honduras permanecer indiferente a la catástrofe que se aproxima ni alejarse de las partescontendientes ante el peligro, que amenaza la capital.

Por eso ha ofrecido su cooperación desinteresada, neutral y benévola al Gobierno de Honduras, para ver si hay algún modo de conjurar el peligro.

Y aun ese paso lo ha dado únicamente después que el mismo General Ferrera se dirigió a él, exponiendo lasituación en que se hallaría Tegucigalpa si el Gobierno no tomada una decisión aceptable para la Revolución.

Lejos de la mente del Cuerpo Diplomático de querer dictar al

Gobierno de Honduras la actitud que debe seguir en estos momentos apremiantes. Pero es del deber del Cuerpo Diplomático hacer ver al Gobierno la gravedad del momento y la magnitud de la catástrofe inminente. Piense bien en las consecuencias y en las responsabilidades ante el mundo y ante la historia, y después de meditarlo a fondo, resuelva lo que crea más conveniente. La gestión del Cuerpo Diplomático termina aquí, hoy a las 5 p.m., y rechaza toda responsabilidad por lo que venga después.

Lamenta, sí, el Cuerpo Diplomático, que su mediación ofrecida con toda sinceridad y con fines profundamente humanitarios, no haya tenido el resultado que hubiera deseado, es decir; que no haya podido evitar la lucha en Tegucigalpa.

Quedan aún unas pocas horas para resolver si ha de correr la sangre hondureña en las calles de Tegucigalpa; quedan aún unos momentos para meditar sobre si deben sacrificarse más vidas y más intereses en una resistencia de última hora, que puede traer para Honduras consecuencias difíciles de justificar, aun lográndose defender la capital victoriosamente.

Medite, pues, el Gobierno sobre el momento presente y sobre todo, sobre el futuro, que habrá de ser un reflejo de lo que ahora pase. Medite y decida, quea las 5 de la tarde empieza el momento crítico.- 13 de marzo de 1924.- 10a.m.''

La hora fatal

Son las 5 de la tarde, jueves 13 de marzo, y en este momento vence el plazo del armisticio. Es la hora fatal, la hora histórica. La expectación y el pánico en Tegucigalpa son grandes. Se espera el ataque durante la noche. Muchas familias de Comayagüela y barrios retirados de la ciudad abandonan sus casas y se van a La Leona y otros lugares que ofrecen una seguridad relativa.

Marzo 14.-

Ha pasado la noche sin oírse un tiro, pero Tegucigalpa no ha dormido. Las posiciones militares en los cerros que rodean la ciudad están llenas de soldados, y se notan preparativos y mucha actividad. Las calles están desiertas; las tiendas, casas y oficinas cerradas. La tropa está distribuida en suspuestos esperando la hora fatal.

Se rompen las hostilidades y empieza el sitio de Tegucigalpa

A las 2 y 35 de la tarde se oye un cañonazo disparado por una batería del cerro de Juana Laínez; le sigue otro, y otros muchos y varias descargas de fusilería.El Ministro de la Guerra, Dr. don Roque J. López, ha dado la orden de romper el fuego contra las fuerzas de la Revolución en el preciso momento en que éstas están evolucionando en los llanos de Toncontín y haciendo preparativos, según se puede ver desde la ciudad, para atacar la capital.

El fuego se va haciendo cada minuto más nutrido. Funcionan los cañones de los cerros del Picacho, Juana Laínez y Sipile, y los proyectiles cruzan el aire por sobre la ciudad llevando la muerte a los campamentos revolucionarios.

El ruido de los cañones, los rifles y las ametralladoras es atronador, y su eco enlos cerros vecinos tiene algo de espantoso y de grandioso a la vez.

El fuego se generaliza un poco en todas partes, pero el combate principal se está librando entre Guacerique y el Estiquirín. El humo de los disparos va obscureciendo poco a poco los alrededores de los combatientes, y a las pocas horas ya no se ven las evoluciones de la batalla.

La lucha continúa ruda y encarnizada toda la tarde y hasta las 9 de la noche, hora en que la vanguardia de las fuerzas revolucionarias se encuentra dueña del campo hasta el puente de Guacerique. Cesa el combate, pero el fuego continúa intermitente hasta las 5de la mañana del día siguiente. El Jefe de la vanguardia de la Revolución, Coronel don Hipólito Retes, pasa la noche, dirigiendo el fuego, en una casa de Guacerique, a orillas de la capital; se puede decir, pues, que las fuerzas revolucionarias están ya dentro de la ciudad.

Caída de Tegucigalpa

Hoy ha caído Tegucigalpa en poder de la Revolución.

Marzo 15.-

Después de media hora de descanso, hoy a las 5:30 a.m. ha empezado de nuevo el combate en las afueras de Comayagüela y Guacerique. Se oye otra vez el estruendo de los cañones y las ametralladoras. Hay momentos en que parece que las fuerzas de la Revolución llegan ya al Puente Mallol y al Palacio Presidencial. Las tropas del Gobierno colocadas en los cerros Juana Laínez y Sipile y en la Plaza del Obelisco y Cuartel de Veteranos lanzan una lluvia de balas sobre las fuerzas atacantes.

A las 10 el combate llega a lo más recio y se extiende desde Guacerique hasta el Estiquirín. A la 1 de la tarde cesa el fuego, después de 8 horas de tremenda lucha.

A las 2 entáblase un combate detrás de Sipile, en Soledad y La Zopilotera, continuando hasta las 7 de la noche.

Desde las 2 de la tarde, hora en que cesó el fuego en la línea de Guacerique, han estado entrando muertos y heridos por carretadas. A los primeros se les quema, que no hay tiempo ni gente para sepultarlos; a los últimos se les lleva al Hospital para que acaben allí la vida, ya que no hay elementos para curarlos ni alimentos para mantenerlos. Ya nos ocuparemos en otro lugar del criminal estado de abandono en que se encuentra el Hospital, a pesar de los miles y miles de pesos que se han gastado en él durante los últimos años.

La noche pasa un tanto tranquila.

Ante el avance de las tropas rebeldes, ni un alma salía a las calles de Tegucigalpa.

Batalla del Joconal

Marzo 15.-

Ayer y hoy ha tenido lugar una serie de furiosos combates en el lugar llamado Joconal, entre Puerto Cortés y la frontera de Guatemala.

El ejército dictatorial del General Lagos, después de su derrota en los alrededores de San Pedro Sula, (batalla de Trincheras, 27, 28 y 29 de febrero), se ha ido retirando hacia Cuyamel y la frontera guatemalteca. En ese ejército van los mismos jefes que pelearon en Trincheras, y como 800 hombres bien armados.

El General José León Castro, que las ha venido persiguiendo desde la batalla de Trincheras, ataca las fuerzas dictatoriales en Joconal, y empieza una lucha encarnizada. Se pelea todo el día de ayer y parte del de hoy; las fuerzas dictatoriales hacen su último esfuerzo por quedar dueñas del terreno, pues si no vencen al ejército revolucionario allí, ya no les queda más remedio que cruzar la frontera guatemalteca, terminando así su resistencia y abandonando toda la Costa Norte a la Revolución.

Todos, rojos y azules, pelean con denuedo, defendiendo el terreno palmo a palmo.

Pero el General Castro está decidido a vencer o morir en ese combate; y es tal el empuje de sus tropas, que al cabo de 24 horas de lucha ya lleva algunas ventajas sobre las fuerzas dictatoriales.

Hoy en la tarde, después de más de 48 horas de lucha, el General Castro es dueño del terreno, y lo que queda de las fuerzas dictatoriales, se retira hacia la frontera, internándose en territorio guatemalteco.

Con esta batalla ha acabado el ejército del General Lagos. La lucha ha sido reñidísima, y el campo ha quedado cubierto de muertos y heridos de ambos bandos.

El éxito de esta brillante acción de armas, tan importante para la Revolución, se debe a la pericia y al arrojo del General Castro y de sus valientes tropas.

Caída de Trujillo e Islas de la Bahía

Marzo 15.-

Hoy han quedado en poder de la Revolución el Puerto de Trujillo y las Islas de la Bahía.

Asalto al Cerro de Juana Laínez

Marzo 16.-

Hoy es domingo, día que el mundo cristiano acostumbra dedicar a adorar a Dios. Pero hoy en Tegucigalpa el día será dedicado a la matanza humana.

A las 5:30 de la mañana el cerro de Juana Laínez y el retén del Guanacaste han sido atacados con una furia y un empuje tales que no parece sino que ya van a caer en poder de las fuerzas atacantes.

El General Carías ha llegado ayer a Suyapa, según se anuncia hoy; y son sus tropas las que han atacado temprano esta mañana las posiciones del Gobierno.

Es un asalto furioso a las trincheras del Gobierno con el fin evidente de abrirse paso al cuartel de San Francisco y adueñarse de Juana Laínez para dominar desde allí el Palacio Presidencial, donde permanece el Gobierno con un fuerte contingente de tropa bien armada.

A las 7 la vanguardia de las fuerzas atacantes está a 25 metros de lastrincheras del Gobierno, y parece que ya se adueñan de la fortaleza; pero las ametralladoras funcionan con tanta rapidez que los asaltantes que no caen bajo la lluvia de balas comprenden su inferioridad en número y en armamento, y retroceden dejando el campo sembrado de muertos y heridos.

En el Guanacaste, el Coronel don Maximiliano Vásquez ha detenido el avance delas fuerzas atacantes, y éstas, al igual de las que han asaltado las posiciones de Juana Laínez, se retiran hacia San Felipe. A las 11 cesó el combate aunque se oyen descargas aisladas por el lado del Guanacaste y San Felipe.

En la carretera de San Juancito, más allá del Picacho, se ha estado peleando desde las 8 hasta las 11 de esta mañana.

A las 2 de la tarde son atacadas las posiciones de Sipile, donde se libra una reñidísima batalla sin resultado decisivo.

Batalla del Estiquirín

Todo el día y hasta las 11 de la noche se ha estado peleando furiosamente en el Estiquirín y alrededores de la Estación Inalámbrica, tomando parte en el combate la artillería del Sipile y, a ratos, la de Juana Laínez.

Marzo 17.-

Se pelea todo el día en el Estiquirín, La Granja, La Soledad, La Burrera y Toncontín. Siguen entrando carretadas de heridos; los muertos son incinerados en el mismo lugar donde se les encuentra después del combate.

Saqueos en la capital

Hoy ocurren en la ciudad sucesos muy lamentables y que han venido a agravar la situación de los habitantes de Tegucigalpa. Desde temprano, en la mañana, grupos de hombres armados y con divisa roja recorren las calles gritando y disparando y alarmando la población. Su principal objeto parece ser atemorizara la gente para tener ellos más libertad en su censurable tarea, que consiste en romper y saquear las tiendas. Han empezado por las del Mercado San Isidro, yendo después a las del Mercado de los Dolores.

Las tiendas que más han sufrido son las de Francisco Siercke & Cía., Santos Soto, Joaquín Pon y Cía., Quinchon León y Cía., en Comayagüela, y la de Siercke en Tegucigalpa, y la de don Luis Soto M. en el centro de la capital.

Estas tiendas, lo mismo que todas las de los dos mercados han sido totalmente saqueadas y destruidas. Las tiendas de la Calle del Comercio han sido tiroteadas, pero debido a la intervención del Sr.

Ministro de Gobernación y Justicia, Dr. don Francisco Bueso, del Ministro de Guerra, Dr. López, y del Gobernador Político, don Arturo Pineda Arias, se ha podido detener el saqueo y salvar los principales almacenes del centro. La propiedad saqueada y destruida asciende a varios cientos de miles de pesos.Entre los principales artículos robados figuran grandes cantidades de licor que los saqueadores han bebido, aumentando así con la embriaguez el horror de su obra nefanda.

El Ministro de Gobernación y Justicia, Dr. Bueso, el Ministro de la Guerra, Dr. López, y el Sr. Gobernador Pineda Arias, recorren las calles con escoltas militares para detener el saqueo y arrestar a los culpables; logran detener la anarquía y restablecer el orden a la llegada de la noche, pero ya se han causado muchos daños. En algunas partes el Ministro de Guerra ha sido recibido a balazos por los saqueadores y ha tenido que hacer uso de las armas para imponerse.

Varias de las tiendas saqueadas pertenecen a ciudadanos chinos, cuyos intereses y personas al principio de la guerra fueron puestos bajo la protección del Gobierno de Estados Unidos. Otras pertenecen a ciudadanos turcos, protegidos de la Gran Bretaña o de Francia. Esto puede traer complicaciones de carácter internacional.

En La Ceiba y en Puerto Cortés, el mes pasado ocurrieron sucesos parecidos, y el Gobierno norteamericano dio órdenes al crucero *Rochester*, surto en aguas hondureñas del Atlántico, para que desembarcara un contingente de marinos y protegiera los intereses extranjeros.

Desembarcaron marinos en aquellos puertos, y una vez que la Revolución hubo entrado y restablecido el orden, los marinos volvieron a bordo y abandonaron las costas de Honduras.

Caída de Yoro

La plaza de Yoro ha caído hoy en poder de la Revolución.

Escasez de víveres en la capital

Marzo 18.-

Desde que empezó el cerco de Tegucigalpa, el 13 del corriente, ha ido aumentando la escasez de víveres y hoy ya se dificulta conseguir algunos artículos de primera necesidad. El maíz, cuyo precio normal es de 20 centavos la medida, está hoy a 75 centavos; los huevos, antes a 3 centavos, están ahoraa 20 centavos cada uno; los frijoles han subido de 30 centavos a $2.50 la medida; el arroz ha subido de 20 centavos a 60 centavos la libra; y la manteca que normalmente se vende a 30 centavos, está hoy a $1 la libra. Y aun a esos elevadísimos precios se dificulta conseguir esos productos. La leche no se consigue a ningún precio, lo cual ocasiona muchos sufrimientos a los niños.

Desde el 15 de enero, o sea desde hace dos meses, no hay servicio de correo con el exterior, ni ha llegado ninguna correspondencia de fuera. Un correo de paquetes postales, impresos y algunas cartas que vino por la vía de Amapala, pereció en el incendio del Edificio de Correos el 9 del corriente. No hay periódicos, ni comunicación telegráfica para nadie desde que empezó el sitio; hasta el mismo Consejo de Ministros está totalmente incomunicado, pues la estación inalámbrica situada en los llanos del Toncontín está en poder de la Revolución; en cuanto a la pequeña estación que estaba en Miramesí, ha sido trasladada a la Legación de Estados Unidos para uso exclusivo del Ministro norteamericano.

La situación de la población civil en la capital es muy angustiosa, y entre la gente pobre ya se está padeciendo hambre. El Ministro de Estados Unidos, en vista de los sucesos de ayer y para evitar su repetición, ha ordenado al crucero *Milwaukee*, anclado en Amapala, que despache 200 marinos. Como casi todos los camiones están en poder de la Revolución, el General Ferrera prestará 3 que tiene en Toncontín para traer los marinos hasta el Campamento Revolucionario, de donde seguirán a pie hasta Tegucigalpa. De la capital irá otro camión, el único que ha quedado en servicio.

A las 8 de la noche son atacadas desde el Guijarro las posiciones de Juana Laínez y las de Guacerique, peleándose fuertemente hasta cerca de medianoche.

El Encargado de Negocios de México, Licdo. Don Pablo Campos Ortiz y el Encargado de Negocios de Guatemala, Dn. José María Bonilla, han dirigido una nota al Sr. Ministro de Estados Unidos, preguntándole si es cierto que, en vista de los sucesos del 17, va a traer marinos a la capital, como se rumora en los círculos comerciales.

Marzo 19.-

La ciudad amanece relativamente tranquila, pero en los cerros hay tiroteos aislados, y los cañones funcionan sin cesar.

Llegada de los marinos norteamericanos

A las 11 de la mañana entran en la capital al paso militar 200 marinos norteamericanos, del crucero *Milwaukee*; viene con ellos un camión lleno de armas y pertrechos de guerra; los marinos van armados hasta los dientes y entran con bandera desplegada.

El Poder Ejecutivo Provisional hace pública una protesta dirigida por el Sr. Ministro de Relaciones Exteriores al Sr. Ministro de Estados Unidos, por el desembarque de tropas norteamericanas en territorio hondureño.

Protesta del Gobierno Provisional contra el desembarque de los marinos

He aquí el texto de la protesta:

"PROTESTA DEL PODER EJECUTIVO PROVISIONAL
CONTRA EL LLAMAMIENTO
DE MARINOS AMERICANOS A NUESTRO PAÍS".-
Tegucigalpa, 19 de marzo de 1924.

Señor Ministro: En cumplimiento de instrucciones del Consejo de Ministros en ejercicio del Poder Ejecutivo de la República, tengo el honor de dirigirme a Vuestra Excelencia para manifestarle lo siguiente:

El día de hoy, a las 11 a.m., ha entrado a la plaza de Tegucigalpa un cuerpo de soldados americanos en número como de doscientos, armados y equipados, que desembarcaron el día de ayer en el puerto de San Lorenzo, procedentes de uno de los barcos de guerra americanos, que está surto en aguas del Golfo de Fonseca.

Por mensaje telefónico de Vuestra Excelencia, dirigido ayer a la Secretaría de Relaciones Exteriores y a la de Guerra, se tuvo noticia por el Gobierno del desembarque de un pequeño cuerpo de soldados y de que vendría a esta capital con el objeto de custodiar la Legación de los Estados Unidos de América al digno cargo de Vuestra Excelencia y de proteger los intereses de susconnacionales. El número arriba expresado no corresponde a la noticia recibida, respecto a la cual no se tomó determinación ninguna.

El Consejo de Ministros no puede menos que manifestar a Vuestra Excelencia su sorpresa por el hecho del desembarco y la venida de ese cuerpo de soldados a esta capital, sin solicitud ni autorización del Gobierno de la República, y en consecuencia, lo considera como un agravio a la soberanía e independencia del país.

No tiene el Gobierno conocimiento de que se haya intentado inferir ofensa alguna contra la persona de Vuestra Excelencia, contra los demás funcionarios de la Legación Americana, contra las personas o intereses de sus connacionales, ni contra el Gobierno que representa; y no es de temer que el personal de la Legación o los ciudadanos americanos residentes en esta capital sean perjudicados de palabra o de hecho, pues la Secretaría de Guerra, que sabrá cumplir su deber estrictamente, impedirá, con medidas eficaces, todo atentado contra tales personas e intereses; y en el caso de que la Legación Americana se considere realmente amenazada, pondrá en ella y en los demás lugares donde sea menester una guardia de soldados o de ciudadanos armados, que serán escogidos por dicho Ministro o por Vuestra Excelencia, siasí lo prefiere.

La llegada de ese cuerpo de soldados al territorio de Honduras y su ingreso a lacapital ha causado profundo disgusto en todos los ciudadanos, naturalmente celosos de que se mantengan ilesos los fueros de Honduras como pueblo libre y soberano, y un considerable grupo de respetables personas de esta capital ha ocurrido ante el Gobierno a expresar igual sentimiento.

En previsión de que ese disgusto pueda traducirse en actos de hostilidad, el Gobierno excitaatentamente a Vuestra Excelencia, a dar orden de que el expresado cuerpo de soldados se retire inmediatamente de esta capital y vuelva, a la mayor brevedad posible, al barco de guerra de donde procede.

Al hacer esta excitativa a Vuestra Excelencia, el Consejo de Ministros protesta, en la forma más respetuosa, pero más enérgica, por el hecho que la motiva; y abriga la convicción de que Vuestra Excelencia, ante los principios y prácticas del Derecho Internacional y ante el alto espíritu de justicia en que siempre inspira sus actos el Gobierno que rige a la gran Nación Americana, encontrará perfectamente fundada la demanda de mi Gobierno y, dándole plena satisfacción, ordenará inmediatamente el regreso del expresado cuerpo desoldados.

En el caso inesperado de que esta respetuosa gestión del Gobierno de Honduras sea desatendida, el Consejo de Ministros declina en la Legación al digno cargo de Vuestra Excelencia las responsabilidades por los sucesos que puedan ocurrir como consecuencia de la llegada de los soldados americanos.

Al manifestar a Vuestra Excelencia que ya me dirijo a los Gobiernos con quienesel de Honduras tiene relaciones, poniendo en su conocimiento lo expuesto, reitero a Vuestra Excelencia las seguridades de mi consideración más alta y distinguida.- (f) Rómulo E. Durón. Excelentísimo señor Franklin E. Morales, Enviado Extraordinario y Ministro Plenipotenciario de los Estados Unidos de América.- Presente."

Enérgicas disposiciones de orden público. -Se restablece la pena de muerte

Marzo 20.-

El Jefe Militar de la Zona Central de la República, Dr. don José Ángel Zúñiga Huete, ha publicado el siguiente bando:

"**DISPOSICIONES DE ORDEN PÚBLICO.**- *Ángel Zúñiga Huete*, Jefe Militar de la Zona Central de la República, haciendo uso de las facultades discrecionales de que por efecto de las circunstancias se ha investido el Poder Público, para garantizar mejor las personas e intereses de los habitantes de su jurisdicción y moralizar las tropas de su dependencia, hace saber:

1°.- Que serán inmediatamente pasados por las armas los individuos que fueren sorprendidos por la autoridad cometiendo los delitos de asesinato, homicidio, robo, incendio y otros estragos;

2°.- Que los delitos militares serán juzgados de conformidad con el Código Militar de 8 de febrero de 1906, debiendo estimarse para este efecto restablecida la pena de muerte;

3°.- Se declara en absoluto estado seco la Zona Militar del Centro, hasta nueva orden. Queda, en consecuencia, prohibido el tráfico de bebidas alcohólicas. A los dueños de cantinas que contravinieren esta disposición se les decomisarán sus establecimientos, lo mismo que a los comerciantes que expendieren bebidas prohibidas, destruyéndoseles, sin responsabilidades, las existencias que de ellas tuvieren. Los fabricantes de aguardiente clandestino y demás bebidas embriagantes, lo mismo que los simples expendedores serán juzgados breve y sumariamente y pasados por las armas;

4°.- Los militares que hicieren disparos dentro de las

poblaciones con el solo objeto de promover escándalo, sin tener enemigo al frente, sufrirán dos meses de prisión. Los civiles que tuvieren armas nacionales y que dispararen dentro de las poblaciones con cualquier clase de armas, serán sometidos a juicio sumario y pasados por las armas;

5°.- Se da toda clase de garantías a los rebeldes que dentro de diez días, a partir de la fecha, depusieren voluntariamente las armas; y

6°.- Toda ejecución que por efecto de las presentes disposiciones deba llevarse a cabo, será ratificada por la Jefatura de la Zona. Tegucigalpa, 20 de marzo de 1924".

Han salido varias hojas sueltas protestando contra el desembarque de marinos norteamericanos, entre ellas figura una de don Froylán Turcios y otra del Coronel don Maximiliano Vásquez. Tiroteo aislado en Guacerique; fuego de artillería todo el día. Se anuncia para mañana otro ataque general a la ciudad.

Batalla de Suyapa

Marzo 21.-

Desde las 6 a.m. funciona con regularidad la artillería del Picacho, de Juana Laínez y de Sipile.

A las 10 a.m. empieza un combate furioso en el oriente de la población; la línea de fuego se extiende desde el Guanacaste hasta el Hato-en-medio, San Felipe y Suyapa. Es el General Carías que ha atacado con su ejército las posiciones de Guanacaste, Casa Mata y Juana Laínez. El fuego se hace cada minuto más intenso y dura hasta las 6 de la tarde.

Han sido incendiados los cerros y cañaverales al oriente de la ciudad y las faldas del cerro Juana Laínez están ardiendo también.

Hay muchas casas en la capital acribilladas a balas y en Comayagüela las hay completamente destruidas por las granadas de mano y por los proyectiles delos cañones. Hay también algunos heridos entre la población civil.

De las 6 a las 8 de la noche hay relativa tranquilidad. No se conoce el resultado de la batalla de hoy, pero al cesar el fuego a las 6, los combatientes estaban ya bastante alejados de la población, lo cual indica una retirada de las tropas atacantes.

A las 8 empieza un fuerte tiroteo en Guacerique, pero un aguacero torrencial que evidentemente dificulta el combate, viene a poner fin a la lucha como a las 9, y el resto de la noche pasa tranquilo.

Don Froylán Turcios ha publicado hoy el primer número del **Boletín de la Defensa Nacional,** hoja de protesta contra el desembarque de marinos norteamericanos. Estos están acuartelados en el anexo del Hotel Agurcia, con un piquete en la Legación de Estados Unidos y otro en la estación inalámbrica.

Amapala se adhiere a la revolución

Marzo 21.-

Hoy ha llegado a Amapala el General don Dionisio Gutiérrez con el propósito de organizar un contingente militar que peleará al lado del General Ferrera. Con el General Gutiérrez se encuentra el Dr. don José María Matute y otras personalidades políticas y militares que participarán en la organización del nuevo ejército. Desde su llegada a Amapala el General Gutiérrez ha obtenido del Comandante del puerto, General don Dimas Alvarado, que Amapala se adhiera a la causa del General Ferrera, y al efecto el General Alvarado ha dado el siguiente manifiesto:

"Dimas Alvarado, Comandante de Armas y Capitán de puerto, para conocimiento de los Cuerpos Militares de su mando y de los vecinos en general, hace saber: que el imperativo del patriotismo reclama de los buenos hondureños su contingente cívico para unirse en un supremo esfuerzo y contribuir a la terminación del vergonzoso estado que tan seriamente amenazados trae al bienestar y soberanía nacionales. Que con el desaparecimiento del Gral. Rafael López Gutiérrez, quedó en acefalía el régimen implantado por aquel jefe, y que el Gobierno ejercido por el Consejo de Ministros de Tegucigalpa, aparte de su origen ilegítimo, no ha merecido la confianza pública, habiendo convertido una nueva amenaza para la existencia decorosa de la Nación.

Que el movimiento reivindicador acaudillado por el General Gregorio Ferrera, para deponer la Dictadura rechazada por el pueblo hondureño, tan celoso del mantenimiento y respeto de sus instituciones, ha sido secundado por todos los ámbitos del país con movimientos parciales, precursor del éxito de aquel caudillo y del advenimiento de una era de orden,de paz y de progreso; y que es deber de patriotismo en tal caso, contribuir a la pacificación general del país.

Esta Comandancia Principal, de acuerdo con los empleados militares y civiles de este puerto, resuelve: -1° Desconocer el estado de hecho implantado por el llamado Consejo de Ministros de Tegucigalpa.- 2° Adherirse al movimiento constitucionalista acaudillado por el General Gregorio Ferrera, y

–3° Hacer un llamamiento de patriotismo a los vecinos de esta jurisdicción y de todos los hondureños que esta manifestación leyeren, para que presten su contingente en favor de la causa que defiende el mencionado General Ferrera, bajo la convicción de que se apoya en la causa de la justicia y de los verdaderos intereses hondureños. Amapala, 21 de marzo de 1924.- *Dimas Alvarado.*"

Marzo 22.-

Sólo la artillería de Sipile funciona hoy; en la tarde hay un corto combate en las posiciones del Guijarro. A las 8 de la noche tiroteo en la ciudad, introduciéndose muchas balas por los techos de las casas de la capital, sufriéndose también esos efectos en los Consulados de La Leona.

Marzo 23.-

El día pasa tranquilo, con calma absoluta en todas las líneas de fuego.

Marzo 24.-

Pasa el día sin novedad, habiendo solamente fuego de artillería, con intermitencias.

Marzo 25.-

Hoy se sabe que en la batalla del 21 librada con las fuerzas del General Carías, en el Oriente de la ciudad, hubo muchos muertos y heridos. Las fuerzas revolucionarias se retiraron hasta más allá de Suyapa, donde tuvo lugarel final del combate como a las 7 de la noche. El día pasa tranquilo.

Gran batalla del Estiquirín

Marzo 26.-

Hoy a las 6 de la mañana el Consejo de Ministros manda atacar las posiciones del General Ferrera en Guacerique y el Estiquirín. Ha lanzado 800 hombres en el combate, mandados por los General Antonio Sánchez, Francisco Cardona, José María Fonseca y Luis Rivera Martínez.

Se pelea rudamente todo el día, hasta las 4 de la tarde, resultando muchos muertos y heridos, entre los últimos el General Sánchez y el General Fonseca.

Desde las 3 han estado entrando carretadas de heridos. Las fuerzas del General Ferrera se han retirado hasta el Toncontín, y las del Consejo de Ministros anuncian que son dueñas del Estiquirín. En las esferas oficiales se celebra la batalla como victoria y se asegura que el General Ferrera se ha retirado hasta más allá de Germania, anunciando que desde Juana Laínez se han visto los camiones y el tren de guerra alejarse por la Carretera del Sur.

La opinión de muchos, sin embargo, es que esto ha sido una estrategia del General Ferrera para atraerse las tropas del Gobierno a su propio terreno, alejándolas así de su centro de operaciones y debilitándoles la línea a medida que se extiende. También puede ser que por falta de suficiente parque, y debido al furioso empuje de las tropas dictatoriales, el General Ferrera haya preferido batirse a la defensiva, y ceder un poco de terreno, antes que sacrificar, por conservarlo, un crecido número de vidas.

Evidentemente el ataque de las fuerzas dictatoriales y la furia de su empuje ha de haber sorprendido al General Ferrera, y al tener que cambiar de atacante en atacado, se ha visto obligado a alterar su plan de batalla y tomar nuevas disposiciones, retirándose a nuevas posiciones y simulando una retirada en gran escala.

El señor Ministro de Estados Unidos ha reunido en la Legación esta mañana los miembros del Cuerpo Diplomático para entregarles una copia del Convenio de Tiloarque firmado por los Jefes de la Revolución y enviado por el General Carías al diplomático norteamericano.

El Convenio de Tiloarque

He aquí el texto de este histórico documento:

"En el campo de Tiloarque, frente a Tegucigalpa, a las 8 de la noche del día 24 de marzo de 1924, reunidos los Generales don Tiburcio Carías A., don Gregorio Ferrera, don Francisco Martínez Funez y el Coronel don Camilo Girón, con el patriótico objeto de uniformar todos los elementos que están contribuyendo a la Revolución libertadora para derrocar la dictadura que hoy predomina en Tegucigalpa, de común acuerdo han convenido en las bases siguientes:

Primera: Designan como Presidente Provisional para que ejerza el mando supremo de la Nación, al señor doctor don Fausto Dávila;

Segunda: El Dr. Dávila convocará a elecciones de Autoridades Supremas tan pronto como las circunstancias lo permitan, por estar el país en completacalma, debiendo convocarse también una Asamblea Nacional Constituyente, la cual se encargará de reformar nuestra Carta Fundamental en el sentido que sea conveniente;

Tercera: Mientras el Dr. Dávila toma posesión de la Presidencia Provisional de la República, el mando supremo de la misma se ejercerá así: (a) Se reconoce como Primer Jefe de la Revolución Libertadora y Jefe de Zona del Centro, al señor General don Tiburcio Carías A.; b) Se reconoce como Segundo Jefe de la Revolución y Jefe de las Zonas de Occidente y Sur de la República, al señor General don Gregorio Ferrera; (c) Se reconoce como Tercer Jefe de la Revolución y Jefe de la Zona del Norte, al señor General don Vicente Tosta C.; (d) Se reconoce como Cuarto Jefe de la Revolución y Jefe de la Zona de Oriente, al señor General don Francisco Martínez Funes.

Cuarta: Las Zonas están determinadas de la manera que sigue: la Zona del Centro comprende los departamentos de Tegucigalpa, Comayagua, Olancho y Yoro; la Zona de Occidente comprende los departamentos de La Paz, Intibucá, Gracias, Copán y Ocotepeque; la Zona del Sur comprende el departamento de Valle; la Zona del Norte comprende los Departamentos de Santa Bárbara, Cortés, Atlántida, Colón e Islas de la Bahía; y la Zona de Oriente comprende los departamentos de El Paraíso y Choluteca.

Quinta: El Primer Jefe de la Revolución llevará la dirección de los negocios públicos y, además, el mando de las fuerzas de su respectiva Zona; y los Jefes Segundo, Tercero y Cuarto de la Revolución tendrán el mando directo de sus respectivas Zonas.

Sexta: Es convenido que el nombramiento de los empleados en los diferentes ramos de la Administración Pública, lo hará el Primer Jefe de la Revolución, de acuerdo con el Jefe de la Zona respectiva a que corresponde el empleo.

Séptima: Este convenio se pondrá en conocimiento del señor Dr. don Fausto Dávila y del Cuerpo Diplomático residente en la capital de la República.

Octava: El señor General don Vicente Tosta C., Tercer Jefe de la Revolución y Jefe de la Zona del Norte, firmará el presente Convenio.

En fe de lo cual firman el presente Convenio los suscritos en la misma fecha, hora y lugar arriba indicados, debiendo sacarse y firmarse una copia para cada uno de los Jefes de la Revolución.- *Tiburcio Carías A.- Gregorio Ferrera.- Francisco Martínez Funes.- Camilo Girón"*.

Marzo 27.-

Después de la batalla de ayer, las tropas dictatoriales, creyéndose completamente dueñas del campo hasta el Toncontín, abandonaron sus posiciones y regresaron a la ciudad. Hoy al amanecer, el Estiquirín y las afueras de Guacerique estaban nuevamente en posesión de las tropas del General Ferrera, estando la línea de fuego exactamente en el mismo lugar que antes de la batalla de ayer. Resultado: para el Gobierno, ninguno, excepto un gran número de muertos y heridos para conquistar posiciones que después se han dejado abandonadas para que la Revolución las ocupe nuevamente.

Esta mañana se está peleando otra vez en el mismo lugar; pero ahora las fuerzas dictatoriales no avanzan, permaneciendo en sus posiciones de Guacerique, y tiroteando desde allí a las fuerzas del General Ferrera.

A las 8 de la noche hay un ataque a Juana Laínez por los lados del Guanacaste y de Guacerique. Durante media hora el fuego de las ametralladoras, los rifles y la artillería del Picacho y Juana Laínez demuestra, por su intensidad, que el ataque tiene por objeto apoderarse de Juana Laínez, pues esta fortaleza es asediada a tres fuegos.

Marzo 28.-

Durante la noche ha habido tiroteos aislados, pero no se ha verificado ninguna acción de importancia. Resulta claro ahora que la batalla de antier en el Estiquirín no ha sido una victoria para el Consejo de Ministros; por otra parte, el ataque de anoche por el lado del Guanacaste, viene a probar que las fuerzas del General Carías, que se habían retirado más allá de Suyapa, están nuevamente a las puertas de la capital.

Ferrera pide nuevamente la entrega de la plaza

Esta mañana el General Ferrera mandó una comisión al Sr. Ministro de Estados Unidos manifestándole que habiendo demostrado el Consejo de Ministros en la batalla de antier su imposibilidad para desalojar definitivamente a las fuerzas revolucionarias del Estiquirín, él pide nuevamente la capitulación de la plaza para evitar más derramamiento de sangre, pues de lo contrario tendrá que hacer un ataque definitivo que causará muchas víctimas.

El Sr. Ministro norteamericano convoca al Cuerpo Diplomático para discutir esa comunicación y resolver si ha de proceder a dar nuevos pasos en el sentido de una mediación amistosa. Los señores representantes de México, Guatemala y El Salvador son de opinión que no debe tomarse ninguna acción; el representante de Inglaterra opina que quizás sea esto una última oportunidad de mediar y lograr al fin la paz.

Termina la conferencia. El Sr. Representante de Nicaragua no ha asistido a ella.

Más tarde el Sr. Morales y el Sr. Lyall deciden ofrecerse ellos dos, en su carácter oficial, para acompañar una comisión del Consejo al campamento del General Ferrera a celebrar una entrevista. El Sr. Morales ha sondeado a algunos miembros del Gabinete sobre si éste estaría dispuesto a parlamentar con el General Ferrera para tratar de una capitulación honrosa; el Consejo parece estar dispuesto a parlamentar.

Más tarde el Sr. Ministro de Estados Unidos se ha comunicado con el General Ferrera para preguntarle si está dispuesto a recibir una comisión del Consejo y otorgar un armisticio de 12 horas para mientras dura la conferencia de los parlamentarios; el General Ferrera ha contestado que está dispuesto a celebrar la conferencia si el Consejo la propone. Tiene ahora la palabra el Consejo y veremos si mañana se decide a parlamentar.

Anoche llegó al campamento del General Ferrera, procedente de la Costa Norte,el General don Vicente Tosta C. Se asegura que trajo un buen contingente de tropas y elementos de guerra.

Ayer salió de Nueva Orleans, rumbo a Puerto Cortés, el Dr. don Fausto Dávila. La Prensa de Nueva Orleans anuncia su salida diciendo que "el Dr. Dávila, nombrado Presidente Provisional de Honduras por los Jefes de la Revolución, va a su país a hacerse cargo de la Presidencia".

Es indudable que el Consejo de Ministros ya está cansado de su resistencia, sobre todo que no tiene esperanza de triunfar en la lucha con la Revolución. Ha hecho una resistencia magnífica y nadie podrá tachar de faltos de valor a los hombres que la han sostenido. Es tiempo de que comprendan que el patriotismo exige que cese el derramamiento de sangre hermana; algunos altos personajes del Consejo así lo comprenden ya, y es muy posible que éstos convenzan a los pocos que aún se resisten, y que se entregue el poder a una Revolución que, además de ser ya dueña de todo el país, con excepción de Choluteca y Tegucigalpa, tiene el 90% de la opinión pública a su favor.

Estos son factores que ya empiezan a obrar en el ánimo de algunos miembros del actual orden de cosas. Tiroteos ocurren a cada rato en el Estiquirín y también en las alturas del Guanacaste, pero no llegan a tomar forma de combate.

Marzo 29.-

El día pasa relativamente tranquilo, ocurriendo tiroteos sin importancia en las alturas de Guacerique contra el Sipile y Juana Laínez. Ayer llegó a Puerto Cortés el Dr. don Fausto Dávila.

Ayer renunció del Ministerio de Fomento y Obras Públicas el Dr. don José María Sandoval, nombrándose en su lugar al Dr. don

Alberto A. Rodríguez.

A las 6 p.m. las fuerzas revolucionarias atacan las posiciones del Consejo en Guacerique y las fortificaciones de Sipile y de Juana Laínez. Funcionan los cañones y las ametralladoras, y el combate durante cerca de cuatro horas parece revestir carácter de un ataque general a la plaza con el objeto de apoderarse de Guacerique, Sipile y Juana Laínez. A las 10 termina el fuego, sin ventaja aparente para nadie.

Entre 5 y 6 de la noche ha habido en el centro de la ciudad un fuerte tiroteo que ha ido disminuyendo a medida que el combate en Guacerique se iba acentuando en intensidad.

Marzo 30.-

El General don Dionisio Gutiérrez, que en Amapala el 21 del corriente se había pronunciado en favor del General Ferrera, se ha separadohoy de la causa de la Revolución Constitucionalista y ha levantado el estandartede la Contrarrevolución en el Sur de la República. Le acompañan el Dr. don Salvador Corleto, el General don Julio Peralta, General don Pío Pacheco, Comandante de Nacaome; Coronel don Concepción Peralta y algunos otros militares.

El General Gutiérrez marcha con su ejército hacia Tegucigalpa, se supone que con el fin de batirse con las fuerzas del General Ferrera o entrar a Tegucigalpa por una brecha del cerco y unirse a las fuerzas de la Dictadura que defienden laplaza.

Marzo 30.-

Pasa el día tranquilo. A las 7 de la noche se abre un nutrido fuego de ametralladoras y fusilería en Sipile, Soledad y Guacerique. Dura el tiroteo hasta las 9 de la noche.

No se ha vuelto a hablar de conferencia entre el Gobierno y la Revolución, aunque se cree que la conferencia tendrá lugar, pero que no obtendrá ningún resultado práctico.

Marzo 31.-

El Gobierno comunicó hoy al doctor don R. M. Taylor, de la Fundación Rockefeller, que su cooperación para ayudar a la Cruz Roja y Hospital, sería muy bien recibida. El doctor Taylor procedió a formar un Comité para recaudar fondos entre la colonia angloamericana; los fondos así recaudados fueron empleados en la compra de medicinas y artículos indispensables, y enviados mitad al Hospital de Tegucigalpa y mitad al ejército revolucionario.

Las señoras de la colonia angloamericana se reunieron también a iniciativa de las señoras de Morales, de Llyall, de Keiser y de Abadíe, y generosamente ayudadas éstas por las señoras de Hulse, de Douglas, deWalter y de Wilson, se constituyeron en Comité de Auxilios a los heridos. Con sólo el día de hoy se han enviado al Hospital más de 50 docenas de vendas hechas por dichas señoras. Y continuarán su obra bienhechora mientras haya heridos necesitados. Digna de todo elogio es esta iniciativa de tan apreciables damas.

El Tifus en Tegucigalpa

Anuncia hoy el doctor R. M. Taylor, del Instituto Rockefeller, que en Tegucigalpa se ha declarado una epidemia de tifus, habiendo muerto ya algunas personas. Esta noticia causa terror, pues en las circunstancias actuales una epidemia de esa naturaleza sería muy difícil de combatir.

A las 7 de la noche hay un combate en las alturas del Estiquirín y La Granja. Dura hasta las 10.

**Dos generales de Jesús de Otoro: Vicente Tosta
(elegantemente vestido) y Gregorio Ferrera (a su izquierda).**

La Revolución toma el Berrinche

Abril 1°.-

A las 4 de la madrugada ha empezado un reñido combate que se extiende desde el Parque de la Concordia hasta La Granja, incluyendo elBerrinche, Sipile y el Cuartel de Veteranos. Funcionan las ametralladoras y los cañones, y parece que se trata de un ataque general con objeto de apoderarse de la capital. Desde ayer tarde la Revolución está concentrando fuerzas en el Estacado, a un lado del Berrinche. En la noche abandonan el Estacado, y, bajo el mando inmediato del General Tosta, se proyecta el ataque a las posiciones dictatoriales del Berrinche. A las 4 de la madrugada empieza el ataque, y a las 6 las fortificaciones del Berrinche están en poder del General Tosta.

Continúa el fuego, y parece que las fuerzas revolucionarias se quieren bajar hacia el río y llegar al centro de la ciudad, pero las ametralladoras de Sipile, Miramesí y Cuartel de San Francisco barren las faldas del Berrinche con un fuego de cortina que obliga a las avanzadillas de la Revolución a retirarse a las posiciones que acaban de conquistar en el Berrinche.

A las 8 se ve flotar en el Berrinche la bandera de la Revolución, y al mismo tiempo el Picacho empieza a bombardear las posiciones y la falda del cerro, cayendo varios proyectiles en las orillas de la población.

Las ametralladoras del cuartel de San Francisco funcionan sin cesar, pasando el chorro de balas a tres o cuatro metros de los techos de las casas del centro de la capital, causando no poca alarma a los habitantes.

Viendo las fortificaciones del Berrinche en poder de la Revolución, el Consejo de Ministros envía una columna al mando del General don Francisco Cardona para tratar de rescatar tan importante posición militar.

El General Cardona se apodera del Estacado, y se prepara a atacar a las fuerzas revolucionarias por retaguardia, pero éstas comprenden la maniobra, y, dejando un piquete de tropas en las trincheras del Berrinche, el General Tosta lanza sus columnas contra el General Cardona; éste lucha valerosamente, pero al fin cae herido mortalmente en el campo de batalla, de donde lo recogen muerto las tropas revolucionarias.

Entre 8 y 10 de la mañana la lucha ha sido reñidísima; los cañones y las ametralladoras del Gobierno lanzan lluvias de balas y proyectiles sobre las fuerzas atacantes; pero el Berrinche está ya perdido para el ejército dictatorial. Se ha peleado desde las 4 de la madrugada hasta las 11:30, volviéndose a empezar a la 1 p.m., luchándose sin cesar hasta las 5 de la tarde.

Han tomado parte principalísima en esta importante acción de armas los Generales Andrés Leiva, Abel V. Villacorta, Pío S.

Fálope y Eduardo Rosales, y los Coroneles J. I. Pérez, A. H. Bobadilla, Z. Pérez, Carlos Izaguirre V. y Moisés Nazar, del Ejército Revolucionario.

La pérdida del Berrinche es un golpe formidable para el Gobierno de la Dictadura, pues que desde las trincheras del Berrinche se domina la mitad de lacapital, incluso el Palacio Presidencial, el edificio de Telégrafos, Cuartel de Policía y otros importantes edificios públicos. Desde las posiciones del Berrinche las tropas revolucionarias pueden barrer con sus ametralladoras las principales calles de Tegucigalpa.

En la toma del Berrinche la Revolución ha capturado un cañón a las fuerzas dictatoriales, y una cantidad de parque para artillería y ametralladoras. Hay muchísimos heridos y muertos, entre estos últimos el Coronel don Ángel María Cisneros, herido mortalmente en la lucha.

Después de las 5 de la tarde el fuego ha calmado, aunque siguen pequeños tiroteos aislados un poco en todas partes.

Continúase peleando encarnizadamente

Abril 2.-

A las 4 de la mañana empieza el tiroteo en Juana Laínez, La Granja, La Zopilotera y El Estiquirín. Se pelea duro. Las fuerzas revolucionarias atacan Juana Laínez desde La Granja, y La Zopilotera (en poder del Gobierno) desde El Estiquirín.

A las 7 aparecen en el Berrinche la bandera nacional, puesta allí por las fuerzas revolucionarias; la saluda una lluvia de balas lanzadas por las ametralladoras de Sipile y Miramesí, y unos cañonazos del Picacho. La bandera es retirada.

Se pelea todo el día entre Miramesí y el Berrinche, y entre el Berrinche y Sipile. Las ametralladoras no dejan de funcionar, tanto las del Consejo como las de la Revolución. A las 7 p.m., calma general. A las 9 otro combate en La Granja, que dura poco más de una hora.

En el Berrinche, donde están bien atrincherados, los rifleros de la revolución tienen bajo su fuego toda la parte de la ciudad, entre el río y la calle del Comercio, y hacen disparos aislados contra los grupos de soldados que ven pasar por esas calles. Ayer y hoy han muerto algunas personas, entre ellas dos niñas.

Abril 3.-

Fuertes tiroteos toda la noche en las márgenes del río y en los retenes del Parque de la Concordia y Miramesí. Desde las 7 de la mañana las ametralladoras de Sipile, Picachito, Buenavista y Miramesí, funcionan con regularidad contra las fuerzas revolucionarias del Berrinche.

El Consejo de Ministros quiere parlamentar con el General Ferrera

El Ministro de Gobernación y Justicia, Dr. Bueso, convocó ayer al Consejo para tratar de enviar una propuesta de paz a la Revolución. Todos los Ministros parecen estar de acuerdo en que se debe pactar sin derramar más sangre; los elementos militares, sin embargo, no están tan bien dispuestos.

El Consejo ha rogado hoy al señor Ministro Morales que pregunte al General Ferrera si éste recibiría una comisión del Gobierno con el fin de tratar de un arreglo. Se ha radiografiado al General Ferrera en este sentido, y se espera su respuesta. En la ciudad reina cierto desorden y hay en las calles tiroteos que vienen a aumentar la intranquilidad pública.

A las 12 del día se ha calmado el tiroteo en las posiciones militares del río y las de Sipile y Miramesí. Pero a las 2 vuelven a funcionar las ametralladoras de Sipile y hay fuego de fusilería entre el Berrinche y Miramesí.

Abril 4.-

Se ha peleado toda la noche en Guacerique, haciéndose más intenso elfuego temprano de la mañana, cuando funcionan también las ametralladoras de Juana Laínez y Sipile y una que se ha colocado sobre el edificio de Telégrafos. Las calles cercanas al río y algunas casas particulares han sido ocupadas militarmente para trincheras; desde el Berrinche los soldados de la Revolución hacen fuego sobre las fuerzas del Consejo que bordean el río. Accidentalmente han muerto hoy 4 personas civiles que transitaban por esas calles.

Avisa el Sr. Ministro Morales que el General Ferrera ha nombrado a los Sres. Dr. don Salvador Aguirre y Dr. don Francisco López Padilla para que, en su nombre reciban la comisión del Gobierno y traten con ella la cuestión de la paz.

El Consejo nombra a los Sres. Dres. Don Alberto Rodríguez y don Ángel Zúñiga Huete para que integren la comisión. A las 2 sale la comisión acompañada de los Sres. Morales, Ministro de Estados Unidos, y Lyall, Encargado de Negocios de Inglaterra. A su llegada al campamento revolucionario se hacen demostraciones de hostilidad al Dr. Zúñiga Huete por parte de algunos revolucionarios; pero el incidente pasa sin consecuencias.

Se celebra la conferencia, pero la propuesta del Consejo, que contiene unas nueve cláusulas, no es bien recibida por la Revolución, y los Delegados de ésta dicen que no puede ser aceptada; pero, sin embargo la discutirán en consejo esta noche con los Jefes de la Revolución, avisando después al Sr. Ministro Morales caso que tengan algo que decir.

La Revolución ha recibido grandes refuerzos de la costa, según se asegura en los campamentos del Estiquirín; y si no se llega a un arreglo se anuncia un ataque general para dentro de tres o cuatro días.

Se asegura también en el campamento revolucionario que de hoy a mañana llegará al Toncontín un aeroplano que vendrá a bombardear la capital.

Abril 5.-

La noche ha pasado completamente tranquila en todas las líneas. A las 7 de la mañana se oyen tiroteos en Guacerique, y los cañones de vez encuando. En la tarde vuela un aeroplano de la Revolución sobre Tegucigalpa, pasando a una gran altura.

Abril 6.-

Día domingo, generalmente día trágico desde que Tegucigalpa está sitiada. Y en efecto, a las 4 a.m. los moradores de esta capital hemos sido despertados por un ruido atronador de ametralladoras y riflería. A esa hora han sido atacados el Cuartel de Veteranos y las fortificaciones del Sipile. El ataque, ha sido de los más furibundos, extendiéndose la línea de fuego desde el Guijarro hasta Miramesí pero la fuerza del ataque se dirige contra Sipile y el Cuartel de Veteranos. A las 8 se da por terminado el asalto y las fuerzas revolucionarias se van batiendo en retirada.

Bombardeo aéreo de la capital

A las 8:10 aparece un aeroplano volando a una gran altura sobre Sipile y con rumbo a Miramesí y el Picacho.

Todos los ojos se fijan en él, pues se cree que, como se ha venido anunciando, bombardeará las posiciones militares de la ciudad. Y en efecto, al pasar por Miramesí arroja unas cuantas bombas que hacen un ruido infernal al estallar como a medio kilómetro de los retenes; continúa su vuelo y bombardea las fortificaciones del Picacho, pero también caen las bombas lejos de los retenes yde las obras militares.

Se aleja el aeroplano hacia Toncontín, donde aterriza para emprender nuevamente el vuelo y arrojar un nuevo cargamento de bombas destinadas a las fortificaciones del Picacho; pero, como las anteriores, caen todas ellas sin causar ningún daño.

Un cañón que las fuerzas revolucionarias tienen colocado en sus fortificaciones del Berrinche bombardea las posiciones del Sipile disparando varios cañonazos que causan algunos daños a las trincheras. La puntería ha sido muy buena, al contrario de la del aeroplano. En la tarde el mismo cañón dispara dos cañonazos sobre el Palacio Presidencial, estallando el primer proyectil en la pared del edificio que hace frente al Berrinche.

Tanto las bombas arrojadas por el aeroplano como los proyectiles disparados por el cañón causan pánico entre la población civil de la capital; pero con excepción de un trozo de trinchera

111

destruido por el cañón en las fortificaciones del Sipile, el bombardeo no ha causado ningún daño militar ni personal.

Desde ayer se rumora en los círculos gubernamentales que está camino de la capital un fuerte ejército de 2,000 hombres que viene en auxilio de Tegucigalpa; dícese que viene al mando de los Grales. Don Dionisio Gutiérrez, don Julio Peralta y don Pío Pacheco, Cnel. Don Concepción Peralta y Doctor donSalvador Corleto. Anúnciase también que el General don Toribio Ramos está en Choluteca con 1,000 hombres, a las órdenes del Consejo, y que Nacaome y Amapala se han pronunciado nuevamente en favor del Consejo. Esas noticias son recibidas por el público con bastante escepticismo.

Hoy renunció el Ministro de Relaciones Exteriores, Dr. don Rómulo E. Durón, pero no le fue aceptada la renuncia.

También renunció el Gobernador Civil, don Arturo Pineda Arias, nombrándoseen su lugar al Coronel don Jaime Turcios.

Abril 7.-

Toda la noche ha habido fuertes tiroteos entre el Berrinche y Sipile y en Guacerique, pero al amanecer todo está tranquilo. La mañana pasa sin novedad, pero a las 2 de la tarde se entabla un reñido combate en Sipile que dura hasta las 5, sin resultado decisivo. Toda la tarde han funcionado los cañones del Picacho y Juana Laínez y las ametralladoras de Miramesí y Sipile.

También las fuerzas de la Revolución atrincheradas en el Berrinche han hecho funcionar sus ametralladoras contra los retenes de Miramesí. En este último lugar se pelea durante una hora a la caída del día.

El Consejo anuncia que el ejército que viene en su auxilio, del Sur de la República, se ha encontrado con las fuerzas del General Ferrera en el Cerro de Hule y que se ha entablado un fuerte combate que dura desde ayer. Anuncia también que hoy llegarán algunos contingentes de Curarenes que vienen a alistarse en las filas del Gobierno.

Corre el rumor de que en la mañana de hoy han sido capturados varios altos personajes del Partido Revolucionario.

Hoy no ha funcionado el cañón de la Revolución emplazado en

el Berrinche, ni ha volado el aeroplano. Se han recogido 6 bombas arrojadas ayer por él y que no estallaron.

Abril 8.-

Fuertes tiroteos toda la noche entre Sipile y el Berrinche. Todo el día sepelea fuerte en las afueras de Guacerique, Zopilotera y Estiquirín; sin resultados decisivos.

Asalto al Sipile

Abril 9.-

A las 4 de la madrugada son atacadas con un empuje furioso las posiciones del Sipile y el Cuartel de Veteranos. La línea de fuego se extiende desde el Puente de Guacerique hasta Miramesí, pero el combate se libra contra el Cuartel de Veteranos y Sipile.

Es la lucha más encarnizada que hemos presenciado hasta hoy en Tegucigalpa; tiene algo de parecido al asalto que se dio a las fortificaciones de Juana Laínez el domingo 16 dc marzo pasado, perola embestida de hoy es más fuerte; la vanguardia de las fuerzas asaltantes llegaa unos 20 metros de las fortificaciones, pero el fuego de los defensores es tan nutrido que ya se ve que el avance de los asaltantes sólo puede efectuarse con un gran sacrificio de vidas.

A las 7 el combate está en su apogeo. Llegan refuerzos a las tropas dictatoriales, y las fuerzas revolucionarias empiezan a batirse en retirada. A las 8 ha terminado el combate. A medio día se anuncia que del combate de esta madrugada se han recogido ya 125 muertos y muchos heridos.

Pánico en la capital por el bombardeo aéreo

El aeroplano bombardea la ciudad en la mañana y en la tarde. En la mañana haarrojado cuatro bombas en La Leona, una de ellas a 200 metros de la Legación inglesa. Otra ha caído a unos 25 metros de la Escuela Normal (edificio La Alhambra). Han caído otras en el centro de la ciudad, dos de ellas en la casa de la Srta.

Prisca Ugarte, a 7 metros de la Legación de México y 20 de la de Guatemala, matando dos niñas y dejando a varias mujeres gravemente heridas. Se han recogido dos bombas, caídas , sin estallar, una a 5 metros de la casa de don Francisco Antúnez y otra en un patio cerca del cuartel de San Francisco.

Los Diplomáticos se dirigen a los Jefes de la Revolución.

Los representantes diplomáticos de México, Guatemala, Costa Rica, El Salvador y Nicaragua, en vista de los terribles efectos del bombardeo aéreo en la población civil, han dirigido la siguiente comunicación a los Jefes de la Revolución.

"Los infrascritos, miembros del Cuerpo Diplomático acreditado en Honduras, hacemos presente a los Jefes de la Revolución que operan en Toncontín, que habiendo estallado hoy una bomba arrojada de un aeroplano al servicio de la Revolución a pocos pasos de las Legaciones de México y Guatemala, matando a varias personas e hiriendo a otras, excitamos a ustedes para que suspendan tan grave procedimiento que compromete de manera inminente la vida de los no combatientes. (Firmado).- *José María Bonilla*, Encargado de Negocios de Guatemala.- *Bernardino Larios*, Encargado de Negocios de El Salvador.- *Diego Robles*, Encargado de Negocios de Costa Rica.- *Pablo Campos Ortiz*, Encargado de Negocios de México."

(NOTA:- El señor Ministro de Nicaragua, don Anselmo Rivas G., autorizó por tarjeta que se pusiera su firma en el mensaje anterior).

Encarcelamiento de varias personalidades políticas

Abril 10.-
La noche ha pasado tranquila. Se asegura hoy que están presos en la Penitenciaría o en San Francisco varios importantes miembros

del Partido Revolucionario, entre ellos, el Dr. Paz Baraona, el Licdo. Don Rubén R. Barrientos, Licdo. Don Felipe Cáliz, Dr. don Salomón Bueso V., Licdo. Don Serapio Hernández y Hernández, etc.

A las 9 de la mañana se divisa el aeroplano volando rumbo a Juana Laínez; al pasar sobre las posiciones del Guanacaste arroja varias bombas, tirando también unas cuantas sobre Casamata. De allí pasa cerca del Picacho, siemprea una gran altura, y arroja varias bombas que vienen a caer a unas 300 yardas de la Legación inglesa y de los Consulados de España y Costa Rica. Hace otro viaje en la mañana y dos más en la tarde, arrojando gran cantidad de bombas dirigidas evidentemente a las posiciones de Miramesí, Picacho, Juana Laínez y Sipile, pero cayendo todas ellas lejos de su objetivo. Sólo dos han caído tan cerca de las posiciones del Picacho, que parece que han de haber causado algunos daños materiales. El pánico entre la población civil aumenta más cada día.

Contestación de los Jefes de la Revolución a los diplomáticos hispanoamericanos

Contestando a los representantes diplomáticos de México, Guatemala, Costa Rica, Nicaragua y El Salvador, se ha recibido hoy de los Jefes de la Revolución el siguiente mensaje:
"Del Berrinche; 10 de abril de 1924, a las 8:40 a.m.- Legaciones Guatemala, El Salvador, Costa Rica, México.- Tegucigalpa.- Entendidos. Aviador tiene instrucciones arrojar bombas únicamente sobre campamentos enemigos y cuarteles; pero atendiendo insinuaciones de Uds., se limitará el bombardeo alas posiciones afuera de la ciudad. Ponemos en conocimiento de Uds., que fuerzas dictatoriales cometen asesinatos inicuos en los heridos y avanzados nuestros que casualmente caen en sus manos. (Firmado), *Tiburcio Carías A..- Vicente Tosta C.- F. Martínez Funes.*"
Algunos miembros del Cuerpo Diplomático y consular han protestado por el arresto de los señores Barrientos y Hernández, Cónsules del Perú y Colombia, respectivamente. No se sabe si el

115

Consejo ha tomado en consideración la protesta, pero se anuncia que, mediante el pago de una suma de dinero, será puesto en libertad de hoy a mañana el Licenciado Barrientos.

El Picacho se ha incendiado y presenta de noche un espectáculo imponente; las llamas llegan hasta la fortificaciones.

El General Ferrera, que salió con su ejército hace unos días hacia el Sur, dejando el cerco de Tegucigalpa en manos de los ejércitos de los generales Carías, Tosta y Martínez Funes, está peleando en Cerro de Hule con una fuerza que venía en auxilio de la capital, al mando del General don Julio Peralta y Doctor don Salvador Corleto.

El Ministro de Estados Unidos y el Consejo de Ministros han estado tratando hoy la cuestión de un arreglo de paz. Parece que se discute un plan para presentarlo a la Revolución mañana o pasado, y ver si al fin se puede llegar aun arreglo definitivo.

¡A las 8 y media se oye en el Parque Morazán un concierto dado por una de las Bandas capitalinas! Todo el día la ciudad ha estado bajo el imperio del pánico, y ahora, apenas repuestos de las horribles impresiones del día, se nos obsequiaa los sitiados con unas cuantas piezas de las más alegres del repertorio español.

¡Sólo falta que se organicen bailes nocturnos para que no nos volvamos locos huyendo de las bombas del aeroplano durante el día, podamos durante lanoche trastornarnos la cabeza dando vueltas al son de una alegre marimba!!

Abril 11.-

Toda la noche fuertes tiroteos en Sipile, Miramesí y Guacerique, riflería y ametralladoras. El aeroplano ha bombardeado nuevamente, sin causar ningún daño a lasfortificaciones.

El Consejo de Ministros hace propuestas de paz

En la tarde, el Ministro de Estados Unidos, señor Morales, y el Encargado de Negocios de Inglaterra, señor Lyall, acompañados del Comandante Causey, (segundo del *Milwaukee*), han ido al campamento revolucionario, en nombre del Gobierno, a hacer proposiciones de paz. Al llegar a su destino descubren que la propuesta que llevan a la Revolución es prácticamente la misma que llevaron los señores Dr. Zúñiga Huete y Dr. Rodríguez, en su reciente viaje. La Revolución desecha las propuestas del Gobierno y manda un nuevo plan depaz; este plan contiene 9 puntos, y es, a nuestro modo de ver, muy aceptable para el Consejo. El Consejo de Ministros dice que lo va a estudiar, y que darásu respuesta de mañana a pasado.

Abril 12.-

Bombardeo aéreo de Juana Laínez, Sipile, Guanacaste y Palacio Presidencial. Caen algunas bombas muy cerca de las fortificaciones, pero no causan ningún daño personal ni material a las defensas militares. En cambio, han caído bombas sobre algunas casas del Guanacaste y de Comayagüela; también cayó una sobre la Aserradera de Agurcia y otra sobre la Cervecería Werling, causando muchos daños materiales y algunas desgracias personales.

El Consejo de Ministros sigue discutiendo el plan de paz propuesto por la Revolución; ya se han aceptado las cinco primeras cláusulas.

Batalla del Cerro de Hule

Hoy se sabe que el General Ferrera, que había salido rumbo al Sur, en buscadel ejército que venía en auxilio de Tegucigalpa, al mando del General Peralta y del Dr. Corleto, se encontró con el enemigo en Cerro de Hule, y se entabló un reñido combate, del cual resultó completamente deshecho el ejército Peralta-Corleto.

Batalla y toma de Nacaome

Continuando su avance hacia el Sur, el General Ferrera ha tomado Nacaome ayer, después de un corto combate con las fuerzas del General Pío E. Pacheco.

Se anuncia un próximo ataque por las fuerzas del General

Ferrera a la plaza de Choluteca, donde se encuentra el General don Toribio Ramos con unos 600 hombres bien armados.

Abril 13.-

Hoy es domingo, día trágico, pues desde que empezó el cerco de Tegucigalpa, todos los domingos han sido días rojos para la capital. En efecto, desde las 7 de la mañana vuela el aeroplano arrojando 9 bombas sobre Sipile y 11 sobre Juana Laínez; caen cerca de las fortificaciones, pero no causan ningún daño, cayendo todas en las faldas de los cerros. En el segundo vuelo ha arrojado otras sobre Miramesí y Sipile, pero con el mismo resultado del vuelo anterior.

Continúa el bombardeo aéreo. Grandes daños a la población civil. Estalla una bomba a unos 10 metros de las oficinas de RENACIMIENTO.

Como a las 4 de la tarde hace su tercer vuelo y arroja una lluvia de bombas en el centro de la capital, causando pánico entre la población civil. Una bomba cae a 10 metros de nuestras oficinas, destruyendo la esquina del antiguo Palacio Arzobispal (ahora propiedad del Sr. Lázarus), y causando algunos daños a la residencia de la familia del General don Tiburcio Carías, la del Dr. don Paulino Valladares, la de la familia Reina y la de nuestro Director.

Otra bomba cae a 15 metros del mismo lugar, en el jardín de la residencia de don Ignacio Agurcia. Otra en la casa del Dr. Alberto Bernhard; otra en el Mercado; otra en la esquina de la casa de don Luis F. Valentine; otras varias han caído sobre distintas casas del centro de la población.

No se sabe hasta la fecha los daños materiales y desgracias personales causados por ese bombardeo.

Anúnciase la próxima llegada del Sr. Summer Welles, alto funcionario del Departamento de Estado.

El Consejo de Ministros, en vista del bombardeo de la capital, ha desistido de considerar el plan de paz que estaba estudiando. El mando militar de la capital ha sido entregado desde hace algunos días al General don José María Fonseca, y ahora el Consejo de

Ministros no puede tomar ninguna determinación sin consultar primero con los jefes militares; y éstos se oponen a la paz mientras continúe el bombardeo aéreo de la capital. Fuertes tiroteos a la entrada de la noche en Guacerique, Guijarro y Sipile.

Un mes de sitio

Abril 14.-

Hace hoy un mes que empezó el cerco de Tegucigalpa; el 14 de marzo a las 2:35 de la tarde se rompieron las hostilidades.

El día ha pasado tranquilo. No ha volado hoy el aeroplano, ni ha habido otra novedad que pequeños tiroteos en Guacerique y fuego de artillería en Juana Laínez.

Abril 15.-

Toda la noche ha habido fuertes tiroteos en Guacerique y Sipile, y el cañón de Juana Laínez ha funcionado desde temprano de la mañana contra las posiciones del Toncontín y del Estiquirín.

El día pasa con relativa calma. No ha volado hoy el aeroplano.

El Dr. Durón se ha separado definitivamente del Ministerio de RelacionesExteriores, de cuyo puesto renunció el 6 del corriente. Se ha hecho cargo de la Cartera el Sub-Secretario, don Octaviano Arias.

La mediación de Estados Unidos

Hoy ha llegado el Sr. Summer Welles, después de conferenciar largamente enel campamento revolucionario con los Jefes de la Revolución. Desde su llegada a Tegucigalpa se ha puesto al habla con el Consejo de Ministros, conferenciando detenidamente con los miembros del Gabinete.

A las 5 de la tarde se libra un corto combate en el Cementerio, entre fuerzas de Sipile y fuerzas revolucionarias que han avanzado del Berrinche.

La artillería de Juana Laínez ha estado funcionando todo el día.

**Pistola al cinto. Uno chuña. El otro "bien tirado".
Postal de la guerra.**

La contrarrevolución en el Occidente de la República

Abril 15.-

Hoy se ha sabido en Tegucigalpa que en el Occidente de la República el 4 del corriente se había organizado una contrarrevolución dirigida por las fuerzas dictatoriales derrotadas en la Costa Norte y otros grupos que se les juntaron en la frontera de Guatemala. La contrarrevolución contaba con unos 1,000 hombres, al mando de los Generales Manuel Antonio López, Arturo Matute, Romualdo Figueroa, Ángel Matute y otros jefes. Las plazas de Ocotepeque y Santa Rosa de Copán fueron tomadas por las fuerzas contrarrevolucionarias, y ya se preparaban a marchar hacia el centro del país, rumbo a Tegucigalpa, casi al mismo tiempo que otro ejércitocontrarrevolucionario, al mando del General don Dionisio Gutiérrez y del Dr. don Salvador Corleto, hacía una intentona en el Sur de la República.

En el Cuartel General de la Revolución, en los llanos del Toncontín, causó cierta intranquilidad la noticia de esas dos contrarrevoluciones que se le venían encima. Pero se tomaron inmediatamente las medidas que el caso demandaba. El General Ferrera se dirigió hacia el Sur, y en Cerro de Hule y después en Nacaome, libró dos combates que derrotaron por completo las fuerzas contrarrevolucionarias.

En Occidente hicieron frente a las fuerzas dictatoriales de la contrarrevolución, los Generales don José León Castro, don Faustino P. Cáliz y don Lino Zúñiga; y en poco más de una semana quedaron completamente deshechas o desbandadas las fuerzas contrarrevolucionarias, quedando nuevamente Ocotepeque, Santa Rosa de Copán y toda la región occidental en poder de la Revolución Constitucionalista.

Abril 16.-

Durante toda la noche ha habido fuerte tiroteo en Sipile y en Miramesí, funcionando a ratos las ametralladoras del Palacio y las de Sipile.

El Consejo de Ministros hace nuevas propuestas de paz a la Revolución

Abril 16.-

El Representante Personal del Presidente de Estados Unidos, señor Summer Welles, acompañado del Ministro, señor Morales y del Comandante Causey, ha ido a celebrar una conferencia en el Campamento Revolucionario, acompañando a dos Delegados del Gobierno, Dr. don Federico C. Canales y don Octaviano Arias. El objeto de la conferencia ha sido presentar a la Revolución las condiciones en que el Consejo de Ministros puede firmar el arreglo de paz.

El Consejo de Ministros propone la celebración de una Conferencia de Paz en Amapala

Estas condiciones son casi idénticas a las anteriores, pero ya están en forma de convenio, y sólo falta la firma de las partes interesadas. La Revolución las acepta, con excepción de la primera cláusula, que se refiere al Presidente Provisional. El Consejo de Ministros ha presentado cinco nombres y cinco ha presentado la Revolución, para que se escoja entre los 10 un Presidente Provisional, debiendo después celebrar una conferencia en Amapala, con asistencia de representantes de cada República centroamericana, de Estados Unidos, la Revolución y el Consejo de Ministros, para ratificar, y aumentar o corregir, si es necesario, el Convenio de Paz definitivo. Como el Consejo no acepta ninguno de los cinco candidatos de la Revolución, ni ésta acepta ninguno de los cinco del Consejo, el punto queda sin resolver, y el Consejo propone un armisticio manteniendo el *Statu Quo* actual, y que el primer acto de la Conferencia centroamericana de Amapala sea la designación de un Presidente Provisional. La Revolución insiste en que tal designación debe de serprevia a todo otro arreglo.

Mañana debe el Consejo resolver su respuesta y darla al señor

Welles, para transmitirla a la Revolución. Tres días sin que haya volado el aeroplano. Tiroteos fuertes todo el día en Guacerique, Sipile, Miramesí, en las márgenes del río y en el Parque de la Concordia.

Abril 17.-

Amanece el día tranquilo, pero ha habido fuertes tiroteos toda la noche en Guacerique y Miramesí. Continúan las conferencias entre el Comisionado Welles y el Consejo de Ministros. A las 10 vuela el aeroplano y arroja varias bombas, cayendo muchas de ellas sobre las casas del Guanacaste y frente al Parque La Libertad. No se sabe si ha habido desgracias personales. Toda la tarde hay fuertes tiroteos en Sipile y Miramesí.

Abril 18.-

Durante la noche se ha peleado entre el Berrinche y Sipile, y ha habido fuertes tiroteos de riflería y de ametralladoras en Miramesí y en las orillas del río. Una ametralladora, colocada en el tercer piso del edificio de Telégrafos, ha estado haciendo fuego contra las posiciones revolucionarias del Berrinche. También han funcionado los cañones del Picacho y Juana Laínez.

El Delegado Welles y el Ministro Morales han pasado el día conferenciando en el Campamento Revolucionario. Se está esperando la respuesta del General Ferrera a la propuesta de Conferencia en Amapala. Los demás Jefes de la Revolución han aceptado la Conferencia.

El General Ferrera toma la plaza de Choluteca

Ayer, a las 3 a.m., entró el General Ferrera a Choluteca, sin pelear, pues el General don Toribio Ramos y demás jefes militares habían desocupado la plaza desde el día anterior, llevándose todos los elementos de guerra y como 500 hombres de tropa.

En la tarde ha habido fuertes tiroteos en el Cementerio, en Sipile y en las orillasdel río, funcionando también las ametralladoras del Palacio Presidencial y de los edificios cercanos al río.

123

Hoy ha volado el aeroplano a las 9 de la mañana, pero en vez de bombas ha arrojado hojas sueltas, haciendo un llamamiento a las tropas dictatoriales para que dejen de pelear.

Hoy ha sido arrestado y llevado preso a la Penitenciaría el señor Gobernador Político de Tegucigalpa, Coronel don Jaime Turcios. Lo sustituye en la Gobernación el Coronel don Salomón Sorto Z.

Abril 19.-

Tiroteos nutridos todo el día. Fuego de riflería, ametralladoras y cañones contra las posiciones revolucionarias del Berrinche. Aún no ha avisado el Delegado Welles si ya aceptó el General Ferrera la Conferencia de Amapala.

A las 6 de la tarde se desata una terrible tempestad de rayos, truenos y agua, que seguramente mortificará a las tropas de ambos bandos esparcidas por los cerros a la intemperie. Como a las 9 de la noche amaina la tempestad y cesan las descargas eléctricas, pero llueve torrencialmente toda la noche.

Abril 20.-

Domingo de Resurrección. Día de Pascua, o sea gran fiesta religiosa en todo el mundo cristiano. En Tegucigalpa pasará este día como todos los demás; triste, trágico y lleno de peligros para los moradores de la capital.

La noche ha pasado relativamente tranquila. Aún no ha dado el Delegado Welles ninguna respuesta definitiva al Consejo acerca de si el General Ferrera acepta o no la Conferencia de Amapala. Pero si tanto él como el Ministro Morales han demostrado mucho empeño en que se celebre, y han pedido al Consejo de Ministros que firme un memorándum aceptando el Consejo la Conferencia a bordo del crucero norteamericano *Milwaukee*, y fijándose en dicho memorándum la fecha de hoy, día 20, para la inauguración de la Conferencia; no se explica este hecho de fijar una fecha materialmente imposible para la reunión de la Conferencia, puesto que ni el General Ferrera ha dado aún su aceptación, ni los otros Gobiernos centroamericanos han sido oficialmente convocados, ni hay tiempo tampoco para que los Delegados se trasladen de las respectivas capitales a bordo del *Milwaukee* en el término de las pocas horas que faltan del día de hoy. En fin, alguna razón habrá tenido el Delegado Welles y el Ministro Morales para fijar enel memorándum la fecha de hoy.

Llega a Tegucigalpa la columna del Gral. Ramos

Hoy a las 11 de la mañana ha ingresado a Tegucigalpa una columna dictatorial de unos 400 hombres, al mando de los Generales don Toribio Ramos, don Julio Peralta y don Concepción Peralta. Como 150 hombres venían montados. Es la fuerza que estaba en Choluteca y que evacuó aquella plaza el 17, llevándose todos los elementos de guerra. La entrada en Tegucigalpa se ha efectuado por el Guanacaste, y ha causado sorpresa que las fuerzas revolucionarias no hayan atacado al General Ramos y tratado de impedirle su llegada a la capital.

Una pequeña columna de las fuerzas dictatoriales estacionadas en Sipile, ha dado esta mañana una carga contra el Berrinche, llegando hasta muy cerca de las posiciones revolucionarias, pero han sido rechazadas después de 2 horas de nutrido tiroteo. Se supone que el objeto de ese ataque ha sido distraer las fuerzas revolucionarias mientras la columna del General Ramos entraba en Tegucigalpa.

Los Jefes de la Revolución, señores General Carías, General Tosta y General Martínez Funes, al aceptar la Conferencia de Amapala, han puesto como condición que no se suspenderán las hostilidades durante la Conferencia. El Gobierno insistió con el Delegado Welles para que se concertara un armisticio de 10 días para mientras dura la Conferencia; pero la Revolución no aceptó, y el Sr. Welles no cree tampoco necesario el armisticio.

El General Ferrera acepta la Conferencia de Amapala

Después de la entrada en Tegucigalpa de las fuerzas del General Ramos, el Delegado Welles y el Ministro Morales han salido para el Campamento Revolucionario, regresando poco después a participar al Consejo de Ministros que ya ha contestado el General Ferrera aceptado la Conferencia.

La lista presentada por la Revolución para escoger un Presidente Provisional es como sigue:

Doctor don Fausto Dávila. General don Vicente Tosta C. Doctor don Miguel Paz Baraona, Doctor don Silverio Laínez. Doctor don José María Casco.

La lista del Consejo de Ministros es como sigue: Doctor don Francisco Bueso. Doctor don Carlos Alberto Uclés. Doctor don Federico C. Canales. Dr. y Gral. Don Roque J. López, Dr. y Gral. Don José María Ochoa V.

El Dr. López ha renunciado al Ministerio de Guerra y Marina para ir a la Conferencia, y el Dr. don José Ángel Zúñiga Huete será nombrado Ministro en su lugar.

Son puestos en libertad los presos políticos

Todos los presos políticos han sido ya puestos en libertad, siendo los últimos ensalir, el Dr. Paz Baraona y el Dr. don Felipe Cálix.

En la tarde ha hecho dos vuelos el aeroplano, arrojando durante el primerounas cuantas bombas sobre Juana Laínez, sin causar ningún daño; y en el segundo vuelo ha tirado una gran cantidad de hojas sueltas.

En los círculos oficiales háblase de una salida de las fuerzas para atacar las posiciones revolucionarias del Estiquirín y Toncontín. A pesar del aumento en la guarnición de la plaza, no ha habido ningún desorden en la capital, habiendo entrado las tropas sin disparar un tiro; todo el día ha pasado tranquilo en las calles de la ciudad.

Abril 21.-

Tiroteos intermitentes toda la noche en Sipile, Guacerique, Berrinche, Miramesí y los retenes del río. Desde temprano funcionan los cañones de Juana Laínez y Picacho.

Los Delegados a la Conferencia de Amapala son: el Dr. don Alberto A. Rodríguez, Dr. y General don Roque J. López y el Dr. don Federico C. Canales, de Secretario. La Comisión saldrá probablemente mañana. El Ministro de Estados Unidos no asistirá a la Conferencia, yendo solamente el Delegado Welles.

Entra en actividad la artillería de la Revolución

Abril 21.-

A las 11 de la mañana dos cañones colocados en el Estiquirín abren sus fuegos contra las posiciones de Juana Laínez y Sipile, cayendo varios proyectiles en las trincheras de las fuerzas dictatoriales. Algunos proyectiles, evidentemente destinados al Palacio Presidencial, caen en la ciudad, uno de ellos en el edificio del Banco de Honduras; pero no causan daños a la población. A las 12 cesa el cañoneo.

A las 4 de la tarde vuelve a empezar el fuego de artillería de la Revolución, pero esta vez ya los cañones no se ven en el Estiquirín, y es de suponerse que han sido emplazados en otros sitios más cercanos a las posiciones de las fuerzas dictatoriales. Desde el Berrinche caen varios proyectiles sobre Juana Laínez, Picacho y Sipile, y estas fortificaciones empiezan, a su turno, a disparar su artillería contra el Berrinche y el Estiquirín. Los proyectiles se cruzan por el aire sobre Tegucigalpa, y el cañoneo se hace general, hasta el punto que ya no se puede distinguir de donde proceden los cañonazos ni adónde van a caer las granadas.

La Conferencia de Amapala

Hoy se ha convenido en que mañana saldrán los Delegados de la Dictadura ylos de la Revolución para la Conferencia de Amapala.

El señor Welles, Delegado Personal del Presidente de Estados Unidos, acompañará a los Delegados y dirigirá las labores de la Conferencia; ésta se celebrará a bordo del crucero *Milkaukee*, surto en la rada de Amapala.

El Director de RENACIMIENTO invitado a la Conferencia

El señor Summer Welles, Representante Personal del Presidente de Estados Unidos, ha tenido la fineza de invitar a nuestro Director, don Mario Rivas, para que asista a la Conferencia de Paz, a bordo del crucero *Milwaukee*.

Toda la noche hay fuertes tiroteos en Sipile, Estiquirín y Miramesí.

Abril 22.-

De las 7 a las 8 hay fuego de artillería entre las fortificaciones de la Dictadura y las de la Revolución, pero a las 8 cesa el fuego en toda la línea.

La hora fijada para la salida de la Comitiva que va a la Conferencia de Amapala es las 8, y el lugar de reunión la Legación de Estados Unidos. La mañana pasa tranquila en las líneas de fuego, en espera de la salida de los Delegados, pero éstos están en calurosas discusiones en el Palacio, y a las 12 no hay todavía señales de viaje.

Por fin, a la 1:35 p.m. sale la Comitiva rumbo a Comayagüela a recoger a los Delegados López y Rodríguez, y diez minutos después se pone en marcha rumbo al Cuartel General de la Revolución.

A través de las líneas de fuego

Ese viaje de Tegucigalpa a Toncontín, tan agradable en tiempos normales, se hace en 20 minutos; pero hoy tardaremos una hora, a pesar de que es nuestro más vivo deseo atravesar con toda la rapidez posible los cinco kilómetros de campo de batalla que hemos de recorrer antes de hallarnos del otro lado de las líneas de fuego.

La Comitiva va en cuatro automóviles, tres de ellos con bandera norteamericana. El nuestro no lleva bandera alguna.

Llegamos a la plaza del Obelisco, y allí hacemos la primera parada, mientras nos damos a reconocer y las tropas dictatoriales apartan los alambres y abren una brecha a sus trincheras para dar paso a los automóviles. Mientras dura esta operación, algunas balas vienen a estrellarse alrededor de nuestro carro, pasando otras silbando muy cerca de nosotros. ¿Serán saludos de despedida que nos envían los sitiados de Tegucigalpa, o saludos de bienvenida que nos dirigen los sitiadores? No lo sabemos ni nos preocupamos mucho por averiguarlo.

Logramos al fin pasar esa primera línea de las defensas dictatoriales y al otro lado del puente de Guacerique, donde está la segunda y última línea, se repite la operación: parada, reconocimiento, brecha en las trincheras, tiritos de "cortesía," y ....pasamos. Entramos ahora en la *tierra de nadie o no man's land*, como decían los partes oficiales en aquellos lejanos tiempos de la guerra europea.

Es una faja de terreno de unos 500 metros. Las casas en ambos lados de la calle están abandonadas; sus paredes, las que no han sido destruidas a cañonazos, están acribilladas de balas; algunas sin techo, otras sin paredes frontales y otras ya son casi un recuerdo solamente.

Corren los carros a toda velocidad, pues se oye tiroteo y cruzan balas alrededorde nosotros. Sentimos pasar por encima de nuestro carro dos o tres proyectiles, evidentemente procedentes de la artillería de Juana Laínez; caen a unos 50 metros del camino que llevamos; evidentemente no son para nosotros sino para las trincheras revolucionarias que se hallan más adelante.

Pasamos al fin la *tierra de nadie* y llegamos frente a la primera trinchera revolucionaria. Nos detenemos, mientras nos damos a reconocer y nos toman los nombres para comunicarlos por teléfono al Cuartel General. Y mientras tanto, se abre una brecha a las trincheras para dar paso a los carros. Esta primera trinchera de la Revolución marca el principio de las posiciones de las fuerzas sitiadoras; llevan la insignia azul y blanco, y cada soldado muestra

129

en su semblante valor y decisión. Emprendemos de nuevo la marcha y llagamos a la segunda línea de fuego del ejército Revolucionario: también aquí llevan los soldados la divisa azul y blanco. Más trincheras, más paradas. Se ven tropas en frente, a la derecha, a la izquierda y sobre todos los cerros cercanos.

Continuamos hacia los llanos de la Estación inalámbrica y el Cuartel General de la Revolución. Ahora son tropas con la divisa azul y rojo las que bordean el camino y llenan cerros y casas. Son estos los aguerridos soldados del valiente ejército del General Ferrera; más adelante, camino a San Lorenzo, encontraremos otros muchos con la misma divisa: unos en camiones, otros a pie, marchando hacia Tegucigalpa, de regreso de su viaje al Sur a la conquista del Cerro de Hule, Nacaome y Choluteca.

En el Cuartel General de la Revolución

A las 2:45 llegamos al Cuartel General de la Revolución. Nos encontramos allí con numerosos amigos y conocidos que no hemos visto desde hace meses. Entre ellos vemos a los Generales Medina Planas, Alvarado Mendieta; Coronel Hipólito Retes, Dr. Manuel Valladares Núñez, que tanto se distinguió en la batalla de Jacaleapa y en el Pedregalito; al Coronel Ricardo Lardizábal, don Constantino S. Ramos, Dr. don Francisco López Padilla, Dr. don Salvador Aguirre, Dr. don Antonio C. Rivera, Dr. don Carlos Laínez E., Dr. don Magín Herrera A., Dr. don Ángel Ugarte, Don Arturo Fortín, Don Alfonso Gallardo M., y cien otros buenos amigos que han acuerpado la causa de la Revolución.

Abrazamos a los amigos y contestamos como podemos a las mil preguntas que nos hacen respeto de sus familias en Tegucigalpa y de los amigos que, como nosotros mismos, han permanecido en la capital durante el sitio.

Saludamos al General Tosta y al General Ferrera, héroe de esta cruzada reivindicadora, y, habiendo llegado la hora de partir, nos despedimos y emprendemos la marcha hacia San Lorenzo.

La Comitiva hacia San Lorenzo, rumbo a Amapala

La Comitiva ahora está completa. La forman: el Sr. Sumner Welles, Representante Personal del Presidente de Estados Unidos; Dr. don Francisco López Padilla y Dr. don Salvador Aguirre, Delegados de la Revolución; Don Alfonso Gallardo M., Secretario de la Delegación; el General don Roque J. Lópezy Dr. don Alberto A. Rodríguez, Delegados del Consejo de Ministros; Dr. don Federico C. Canales, Secretario de la Delegación. El Teniente Comandante Alexander, del crucero *Milwaukee*, y don Mario Ribas, Director de RANACIMIENTO. Van, además, varios oficiales del ejército Revolucionario, tres oficiales del ejército Dictatorial y cuatro marinos norteamericanos. Todos en cuatro automóviles.

Al pasar frente al Toncontín, dos columnas del ejército del General Ferrera forman valla en el camino. Las casas de campo de Loarque están atestadas de tropas con divisa azul y blanco. Cerca de Germania pasamos el último campamento de la Revolución, y desde el kilómetro 10 en adelante ya nos hallamos en campo pacífico. Pero no dejamos de ver en todo el trayecto de la carretera del Sur gente armada que va hacia Tegucigalpa. Entre Germania, a 10 kilómetros de Tegucigalpa, y San Lorenzo, punto terminal de la carretera (kilómetro 130), no hemos encontrado menos de 1,200 hombres, la mayor parte con divisa azul y rojo, todos armados y bien equipados, y sobre todo perfectamente bien disciplinados.

A las 9 de la noche llegamos a San Lorenzo, y hallamos que la lancha del *Milwaukee*, que venía a traernos, ha naufragado en el Golfo de Fonseca, por lo que nos habremos de quedar a pasar allí la noche, esperando que llegue otra embarcación enviada de Amapala.

Saldremos en la madrugada para llegar mañana temprano a Amapala.

En Tegucigalpa se sigue peleando encarnizadamente

Pero volvamos un momento los ojos hacia Tegucigalpa, que es donde se ha de desarrollar el último y más importante capítulo de esta sangrienta lucha entre el Poder Dictatorial y la Revolución Constitucionalista. Las Conferencias de Amapala formarán capítulo aparte en esta historia de sangre y destrucción. En Tegucigalpa se ha peleado desde las 3 de la tarde de hoy, día 22 de abril, hasta las 6:30, funcionando constantemente la artillería y las ametralladoras de ambos bandos combatientes.

A las 7 p.m. se ha incendiado el Mercado de San Isidro.

A las 8 de la noche las fuerzas revolucionarias han abierto un nutrido fuego contra las posiciones de los dictatoriales, desde Miramesí hasta el Cuartel de Veteranos.

Abril 23.-

Al amanecer, el Mercado de San Isidro ya no es más que un montón de escombros.

A las 6 de la mañana empieza a funcionar la artillería del Picacho, Juana Laínez y Sipile contra las posiciones revolucionarias del Estiquirín y del Berrinche; cooperan en el tiroteo las ametralladoras. Los cañones de la Revolución contestan el fuego causando fuertes daños a las posiciones dictatoriales de Sipile y Juana Laínez.

Se inaugura la Conferencia de Amapala

La comitiva que fue a la Conferencia de Paz ha llegado a Amapala esta mañana a las 7 y media.

A las 2:30 p.m. los Delegados han visitado al Almirante Dayton, a bordo del *Denver*, pasando de allí al *Milwaukee*, donde se ha inaugurado la Conferencia de Paz.

La sesión dura hasta las 6 de la tarde, y durante las discusiones han sido eliminados 6 candidatos de las dos listas propuestas. Quedan solamente en la lista los señores Dr. don Fausto Dávila y General don Vicente Tosta C. Por la Revolución y Dr. don Carlos Alberto Uclés y Dr. Federico C. Canales por el Consejo de Ministros. Y mientras en Amapala se habla de paz, en Tegucigalpa se pelea furiosamente

Abril 24.-

A la 1 a.m. entáblase un fuerte combate en el Cuartel de Veteranos. Funcionan las ametralladoras de ambos bandos combatientes, y la lucha dura hasta las 5 de la mañana, hora en que las fuerzas revolucionarias quedan dueñas del terreno hasta 50 metros del Cuartel.

A las 6 comienza el fuego de artillería y dura toda la mañana.

A las 2 de la tarde vuela el aeroplano arrojando varias bombas sobre las defensas de Juana Laínez.

Se ha estado peleando todo el día en las alturas de Miraflores y Guijarro. Sonlas fuerzas del General Martínez Funes que han atacado las posiciones dictatoriales.

En Amapala sigue avante la Conferencia. Hoy ha habido dos sesiones a bordo del *Milwaukee*, una en la mañana y otra en la tarde. Estas se verifican en el mayor secreto, sabiéndose solamente que ha sido eliminado de la lista el Dr. Uclés, quedando ya sólo tres candidatos.

Hoy han llegado a Amapala, procedentes de Nicaragua, el Dr. don Paulino Valladares, Dr. don Ramón Valladares, Dr. don Rubén Andino Aguilar y don Ramón Landa.

Desde Amapala se ha comunicado a los Gobiernos de Guatemala, Nicaragua, El Salvador, y Costa Rica que la Conferencia se ha inaugurado y que se espera la llegada de sus respectivos Delegados para la celebración del Pacto definitivo.

Abril 25.-

Desde las 6 a.m. se pelea en la Zopilotera. Fuego de artillería en toda la línea. Las fuerzas revolucionarias estrechan el cerco por La Soledad, Zopilotera, Guijarro y Miraflores. El General Martínez Funes es dueño de Miraflores, y desde allí estrecha el cerco entre el Guijarro y el Guanacaste, acercándose al centro de la ciudad.

En la Conferencia de Amapala no ha habido sesión hoy.

En Amapala sigue la Conferencia y en Tegucigalpa continúa la lucha armada

Abril 26.-

A las 6 a.m. empieza el fuego de artillería desde el Picacho, Juana Laínez y Sipile. La artillería de la Revolución contesta desde el Berrinche.

Hoy ha llegado a Amapala el Delegado de Nicaragua, Ingeniero don José Andrés Urtecho, Ministro de Relaciones Exteriores de aquella República.

La Conferencia ha celebrado hoy dos sesiones, discutiendo la elaboración de unPacto Preliminar de Paz y el nombramiento del Presidente Provisional de la República.

En Tegucigalpa la lucha se vuelve más furiosa a cada momento

Abril 27.-

Desde las 5 a.m., empieza el fuego de artillería, ametralladoras y fusilería en toda la línea, y no cesa hasta las 4 de la tarde.

La Revolución toma el Picacho

En la altiplanicie del Picacho se ha peleado todo el día y las fuerzas dictatoriales se han ido retirando hasta sus trincheras de última línea en el borde de la cúspide, las que son evacuadas a la entrada de la noche, retirándose definitivamente las fuerzas dictatoriales al centro de Tegucigalpa, dejando abandonadas las posiciones del Picacho. Queda la Revolución dueña del Picacho; con esta formidable fortaleza y el Berrinche dominan las fuerzas revolucionarias todo el radio de la población.

El aeroplano hace un vuelo a las 5 de la tarde bombardeando las defensas de Sipile y Guanacaste. En Amapala continúa la Conferencia; se ha eliminado al Dr. Canales de la lista, quedando solamente los dos candidatos Dr. Dávila y Gral. Tosta, propuestos por la Revolución. Según se puede entrever en las discusiones de la Conferencia, el Gral. Tosta será proclamado Presidente Provisional.

Si no se apresuran los Delegados a llegar a un acuerdo acerca de quién ha de ser Presidente Provisional, y sobre la entrega de la plaza de Tegucigalpa, es posible que la Revolución tome la capital antes de que la Conferencia haya logrado un acuerdo que ponga fin a la guerra.

Hoy salió de Amapala el crucero *Milwaukee*, va a Puntarenas a traer al Delegado de Costa Rica.

La toma de Tegucigalpa

Abril 28.-

Ha sucedido lo que todos esperábamos: mientras en Amapala se discutía en la Conferencia el modo más práctico de hacer la paz sin necesidadde más derramamiento de sangre en Tegucigalpa, la Revolución se ha lanzadoa un asalto decisivo y ha tomado la capital por la fuerza de las armas.

Ayer a las 8 de la noche las tropas de la Revolución, al mando del General Ferrera, habían avanzado hasta 50 yardas del Cuartel de Veteranos y 200 yardas del Sipile; las fuerzas del General Martínez Funes eran dueñas de las alturas de San Felipe, Miraflores y Guijarro, y todo el terreno al Sudeste y al Nordeste de Juana Laínez; las fuerzas del General Tosta son dueñas del Picacho desde ayer tarde. La situación de los sitiados es ya casi insostenible. En vista de lo desesperado de la situación, el Consejo de Ministros ordena que se abra el fuego en toda la línea contra las fuerzas atacantes. Y a las 8:30 de la noche empieza el fuego general.

Las fuerzas de la Revolución, que estaban listas para un asalto general y decisivo, responden a la ofensiva de las tropas dictatoriales con un furioso contraataque que, desde el primer momento, hace ceder terreno a los dictatoriales. Empieza una lucha encarnizada en toda la línea. A las 9 y mediade la noche las tropas de la Revolución, al mando inmediato del General Tosta, han cruzado ya el río frente al Teatro, Parque La Concordia y Panteón, y siguen bajando del Berrinche en arrolladora avalancha hacia el centro de la ciudad. Llegan las primeras columnas del General Tosta y se apoderan del Mercado, edificio de Telégrafos y Cuartel de Policía. Otras columnas penetran en laciudad por el Panteón, despreciando la lluvia de balas que lanzan las ametralladoras del Sipile. Las tropas del General Martínez Funes entran por el Guanacaste y por las faldas de Juana Laínez, llegando ya a la Isla por una parte y por otra al Cuartel de San Francisco. Mientras tanto, una columna al mando del Coronel Carlos B. González y otros jefes, atacan y toman el Cuartel de Veteranos, y marchan sobre el Palacio Presidencial.

Mientras se está efectuando el asalto a las posiciones de la ciudad, una batería de 6 ametralladoras colocadas en el Berrinche, mantiene un fuego de cortina contra el camino que conduce de la Isla a Juana Laínez y contra las posiciones del Sipile. Estas últimas son las más afectadas por el fuego destructor de las ametralladoras revolucionarias del Berrinche; el Sipile está en un situación precaria, pues además del fuego de las ametralladoras del Berrinche, tiene que hacer frente a un ataque furioso de una columna del General Ferrera que lucha heroicamente durante cinco horas, asaltando al fin las trincheras y quedando dueña de las fortificaciones a las 5 de la mañana.

Las ametralladoras del Berrinche estaban bajo el mando de los señores doctor don Manuel G. Zúñiga, Dr. don Antonio C. Rivera, Don Carlos Izaguirre V. y Coronel don Pedro C. Cortés.

Todos los puntos fortificados están en poder de la Revolución a las cinco de la mañana.

La lucha en las calles de Tegucigalpa

Continúa peleándose en las calles de la capital, en algunos lugares casi cuerpoa cuerpo.

A las 8 de la mañana de hoy la ciudad está ya en poder de la Revolución. Los últimos combates librados en las calles han tenido lugar principalmente frente ala Legación de Estados Unidos, en la calle del Hotel Agurcia, en el Parque Morazán y otras calles céntricas de la ciudad; esta lucha en las calles ha durado unas tres horas.

A las 8:10 a.m. cesa el fuego granado y no se oye más que uno que otro tiroteo aislado. Los restos de las fuerzas dictatoriales que no han caído bajo las balas o salido de la población antes del amanecer, quedan prisioneros en poder de la Revolución.

Tegucigalpa ha sido tomada por asalto en doce horas, después de un sitio de 45 días, durante los cuales no ha habido uno en que no se haya peleado, poco o mucho. A las 10 a.m. ya no se oye un tiro. La Revolución ha triunfado definitivamente, pues Tegucigalpa era el último reducto del Gobierno dictatorial.

La batalla ha sido ruda entre las 8 de la noche de ayer y las 8 de la mañana de hoy; han sido doce horas de lucha titánica. Todos por igual, atacantes y defensores, han dado muestras de un valor insuperable. La toma de la capital ha sido una acción de armas de las más heroicas y gloriosas de la historia militar de Honduras.

La victoria ha costado mucha sangre, y en las calles de Tegucigalpa hay muchos muertos y heridos a esta hora en que el pabellón de la Revolución flamea orgulloso en los edificios públicos de la capital. Pero esta gran batalla viene a terminar la lucha entre hermanos. Bendigamos, pues, esa hora, que ala par que la victoria trae también la paz entre los hondureños.

¿Y la Conferencia de Amapala?

Volvamos ahora los ojos hacia Amapala nuevamente. La noticia de la caída de Tegucigalpa ha sido debidamente comunicada a los Delegados a la Conferencia y el Honorable señor Welles, que está en constante comunicación radiográfica con Tegucigalpa, ha debido conocer en todos sus detalles este importante suceso, a medida que se iban desarrollando los acontecimientos. Además, la noticia de la caída de la capital le ha sido comunicada a los Delegados.

La Conferencia, desde luego, ya no tiene razón de ser. En realidad, con la caída del Consejo de Ministros, los Delegados dictatoriales han dejado *ipso facto* de ser Delegados de entidad alguna.

Y como el objeto de la Conferencia era hacer la paz obteniendo de dicho Consejo la entrega de la capital, y puesto que la capital ha sido tomada ya por medio de las armas, y no queda Consejo de Ministros, ni ejército dictatorial, ni entidad alguna que haga frente a la Revolución, ¿qué objeto tiene ahora la Conferencia? Pero es el caso que la Conferencia continúa.

Es una verdadera lástima que la mediación de Estados Unidos, ya que de todos modos había de venir, no haya llegado hace dos o tres meses, antes de que se matasen unos cuantos miles de hondureños y se destruyese propiedad porvalor de varios millones de pesos. En 1919 el Gobierno de Estados Unidos intervino cuando la revolución tenía apenas un mes de haber empezado y mucho antes de que Tegucigalpa se viese amenazada por las fuerzas revolucionarias o se hubiese derramado una décima parte de la sangre que se ha derramado esta vez.

Intervino, decimos, e hizo que el entonces Presidente de la República Dr. don Francisco Bertrand, entregara el Poder a la Revolución. Y conste que el Dr. Bertrand era un presidente Constitucional, legalmente constituido, reconocido por los Gobiernos extranjeros; presidía el Dr. Bertrand un Gobierno al que faltaban aún cerca de seis meses para completar su período constitucional, y sin embargo, en aras de la paz y para evitar más derramamiento de sangre, el amistoso mediador hizo que el Dr. Bertrandentregara el Poder.

En vista de ese precedente, muchos eran de opinión en Centro América que si Estados Unidos había de intervenir en Honduras en 1924 la mediación vendría antes de que la guerra hubiese terminado, máxime que la guerra se hacíacontra un régimen muy distinto del régimen constitucional del Presidente Bertrand; se hacía contra una Dictadura con la que el mismo Gobierno norteamericano había roto sus relaciones diplomáticas desde el 5 de febrero.

Era, pues, lógico suponer que o vendría la mediación en tiempo oportuno o no vendría.

Pero a veces sucede lo que menos se espera.

Así, pues, hoy 28 de abril, a las 8 de la mañana la Revolución tiene en su poderTegucigalpa y todo el territorio de la República; la guerra ha terminado. Ha terminado a las 8 de la mañana.

En Amapala se firma el Pacto Preliminar de Paz a las 12 y 30, cuatro horas y media después. Es firmado a bordo del *Denver*, por estar ausente del puerto el *Milwaukee*, a bordo del cual empezaron las conferencias, En dicho Pacto (cuyo texto se hallará en otro lugar) se nombra al General don Vicente Tosta C., Presidente Provisional de la República.

Abril 29.-

Para aclarar ciertos detalles de la Conferencia de Amapala, ésta suspende sus sesiones y el señor Welles, con los Delegados López Padilla y Aguirre, sale de Amapala hoy a las 4 de la tarde para venir a conferenciar a Tegucigalpa, donde llegan a medianoche. Con ellos ha llegado el Coronel don Raúl Toledo López, Jefe Departamental de Amapala.

Abril 30.-

Habiendo conferenciado con los Jefes de la Revolución, el Sr. Welles y los Delegados Aguirre y López Padilla han salido esta mañana a las 6 para Amapala a continuar las Conferencias a bordo del *Milwaukee*.

Ha regresado a Amapala procedente de Puntarenas el crucero *Milwaukee* llevando a bordo al Delegado por Costa Rica, Dr. don Pedro Pérez Zeledón, su hijo y Secretario, don Claudio Pérez.

Ha llegado a Tegucigalpa, procedente de Nicaragua, vía Amapala el Dr. don Paulino Valladares.

El retiro de las fuerzas norteamericanas

Abril 30.-

Habiendo terminado la guerra y existiendo ya en Honduras un Gobierno constituido que garantiza la paz y el orden público, el contingente de fuerzas norteamericanas desembarcado el 18 de marzo último, ha abandonado hoy el territorio hondureño y se ha embarcado nuevamente a bordo del crucero *Milwaukee*.

Nosotros celebramos que hayan desaparecido los motivos que, en la mente del Gobierno de Estados Unidos, pudieron existir para justificar la presencia de esas tropas norteamericanas en la capital de Honduras, y abrigamos la esperanza que el Gobierno de Washington no volverá a encontrar ocasión para considerar necesario el desembarque de tropas suyas en tierras hondureñas.

Durante su presencia en Tegucigalpa y más tarde en Amapala,

tuvimos oportunidad de tratar de cerca de los oficiales de la Marina norteamericana que tenían a su mando los marinos desembarcados, y queremos hacer constar aquí que siempre les hallamos correctos y cumplidos caballeros. Esos Oficiales son elComandante Lewis D. Causey, el Teniente-Comandante Benjamín Vaughan Mc. Candlish, Teniente-Comandante Alexander y Teniente Mc. Veagh. Ellos sirvieron de intermediarios desinteresados entre las autoridades de Tegucigalpa y el Cuartel General de la Revolución y cooperaron en la medida de sus posibilidades a preparar el camino hacia una pronta paz. Si sus esfuerzos no tuvieron todo el éxito deseado, la culpa no fue de ellos sino de las circunstancias. Su buena voluntad quedó, en todo caso, bien comprobada. El tacto y la prudencia que demostraron en el manejo de las tropas a su mando y en sus relaciones con los beligerantes contribuyeron a evitar fricciones que podían haber traído graves consecuencias.

El General Tosta toma posesión de la Presidencia Provisional

Hoy día 30, a las 10 de la mañana, el General don Vicente Tosta C. Prestó la promesa de ley ante el Alcalde de Tegucigalpa y tomó posesión de la Presidencia Provisional de la República.

El Gabinete del Presidente Tosta

Gobernación y Justicia: General don Tiburcio Carías A.
Relaciones Exteriores: Dr. don Paulino Valladares.
Guerra y Marina: General don Gregorio Ferrera.
Hacienda y Crédito Público: Dr. don Silverio Laínez.
Fomento y Obras Públicas: Dr. don José María Casco, (sustituido después por elDr. J. B. Henríquez).
Instrucción Pública: Dr. don Ramón Alcerro Castro, (sustituido después por elDr. don Federico A. Smith).

Militares de la Revolución que se han distinguido durante la guerra

Además de los altos Jefes de la Revolución; Generales don Vicente Tosta C., don Gregorio Ferrera, don Tiburcio Carías A., y don Francisco Martínez Funes, cuyo valor y pericia militar están por encima de todo elogio, queremos mencionar aquí los nombres de algunos Jefes y Oficiales y personalidades civiles que se han distinguido de manera especial durante la pasada guerra. Entre los militares figuran en todo primer término los señores: Generales Juan P. Castellanos, Filiberto Díaz Zelaya, Heriberto Jeffers, Elías Cáceres Arce, Andrés Leiva, Mariano Bertrand Anduray, Inocente Triminio, Mariano Sanabria, Rafael Velásquez, Abraham Williams, Roque Jacinto Pérez, Faustino P. Cálix, Eduardo Rosales, Abel V. Villacorta, Pío S. Fálope, José León Castro, Federico Ordóñez, Juan Pablo Urrutia, Camilo Girón, Manuel Darias, J. Inés Pérez, Blas Domínguez, Z. Pérez, Juan B. Paguaga, Ponciano Gómez, Camilo R. Reina, Enrique Flores Amador, J. Antonio Inestroza, Ulises Valenzuela, Leoncio Rivera, Tiburcio Alvarado, Jerónimo Rivas, Alfonso Ferrari Guardiola, Tiburcio Morazán, Tomás Neda, Abraham López, Luis Rico, Jacobo P. Munguía, Rafael Valenzuela Fonseca, Ramón Alvarado Mendieta, Benjamín Henríquez, Apolinario Escobar. Coroneles: Cristóbal Gutiérrez (muerto en el campo de batalla), Carlos B. González, Pedro G. Domínguez, Manuel Villeda Vidal, Félix P. Vásquez, Rafael Jacinto López, Hipólito Retes, Isidro Meza Orellana, Práxedes García, Blas Domínguez, Moisés Nazar, Cornelio Pineda Nájera, Próspero del Cid, Jesús Inestroza, Pedro C. Cortés, Calixto Carías (gravemente herido en la batalla del Pedregalito), Catarino Avila (prisionero y muerto después), Armando B. Reina (herido en el campo de batalla, muriendo de resultas de las heridas), Pablo E. Lozano, Benito Zelaya, Arnulfo Santos Guillén (que peleó valerosamente al lado del General Martínez Funes durante todas las campañas de este aguerrido jefe), Carlos Izaguirre V., Dr. Manuel Valladares Núñez, A. H. Bobadilla, RicardoLozano (gravemente herido en el campo de batalla), Higinio Pérez, Salvador Coto, Gregorio Reyes, Jorge

Smart, Gregorio Moreira, Martín López, Santos Domínguez, Ángel Acosta Aguilar, Carlos C. Bustillo, Juan Vaquero, Apolonio Andino (muerto en el campo de batalla), Ricardo Lardizábal, Julián Vásquez, Pedro Triminio, Cristóbal Vásquez, Dr. Rafael Ramos, Ulises Valenzuela, Federico Zelaya Flores, Vicente Ayala, J. Chinchilla, Horacio Varela, Ingeniero Gregorio Reyes Zelaya, Rosalío R. Zavala, Miguel F. Flores Carías, Antonio Fajardo, Terencio Flores Mendoza, Elías Flores, Fernando Reyes, David A. Mejía, Tomás T. Montoya, J. L. Urbizo Vega, Modesto Ramírez, Filiberto Flores Canales, José Dionisio Moncada, José de Jesús Galo, Arcadio Molina, Francisco Valladares, Jacobo Paz Barahona, Pedro Valladares, Ernesto Díaz Zelaya, Rafael Carías, Miguel Irías, J. Abraham López, Terencio García, Emilio España Valladares, Raimundo Valladares, Pedro Castro, Próspero del Cid, Carlos Sánchez, Jesús Machado, Lucío R. Machado, Pedro Pablo Mendoza, Gregorio Zelaya, Alberto Rodríguez R., J. Bernardo Bardalez, Manuel J. Salgado, Joaquín Burgos, Alberto Pérez Estrada, Pablo Moncada G., Gonzalo Córdova, Enrique López Pinel, Manuel de J. Callejas, Leonidas Alemán, Horacio Díaz, J. Estéban Callejas, Francisco del Cid, Vicente D. Valladares, Emeterio Rivera, Leonardo Ulloa, Pedro Blandón M., Basilio Sauceda, Ramón Mondragón, Francisco Huiza, Miguel Fonseca, César Reinosa, Alejandro Albayero, Dositeo Borjas, Abel Fonseca Flores, Víctor Carías Lindo; Mayores: Manuel Hernández, Valero Meza (muerto en el campo de batalla), Doroteo Meza, Jesús Reyes, Florentino Rodríguez, Domingo Torres R., Salomón Lanza O., Feliciano Sánchez, Lucas Gómez; Capitán Balbino Sánchez y otros muchos que lamentamos no mencionar individualmente por habernos sido imposible conseguir sus nombres.

Entre los elementos civiles que participaron en la campaña y que con sus energías, su saber y actividad han contribuido poderosamente al triunfo de la Revolución, figuran en primera línea los señores: Dr. Paulino Valladares, Dr. don Fausto Dávila, Dr. don Francisco López Padilla, Dr. don Salvador Aguirre, Dr. don Antonio C. Rivera, Dr. don Rafael Callejas, don Carlos Izaguirre V., Dr. don J. Humberto Montes, don Pedro C. Cortés, Dr.

don Silverio Laínez, don Ramón Landa, Dr. don Manuel Valladares Núñez, Dr. don Magín Herrera A., Dr. don Ramón Valladares, don Emilio España Valladares, don Eduardo Ordóñez Portal, Dr. don José Agüero, Dr. don Manuel G. Zúñiga, Dr. don Felipe Cáliz, Dr. don Juan Manuel Gálvez, Dr. don Enrique B. Uclés, don José María Alvir, don J. Vicente Cáceres, don Donato Díaz Medina, Dr. don Carlos Laínez E., Generaldon Joaquín Bonilla, Dr. don Rodolfo Pineda Galindo, Dr. don Rafael Ramos y muchos más que no mencionamos ahora por no tener sus nombres, pero que mencionaremos en otra ocasión.

El soldado hondureño

El soldado hondureño, desde el más exaltado Jefe hasta el más humilde soldado raso y tanto de parte de la Revolución como de parte de los defensoresde la Dictadura, ha probado durante esta guerra un valor y un heroísmo difícilesde superar por ningún ejército del mundo. Es una lástima que esas nobles cualidades hayan tenido que manifestarse en una guerra entre hermanos. Pero el hecho queda comprobado una vez más que el soldado hondureño, en cuantoa valor, a resistencia y a heroísmo, puede servir de ejemplo al soldado de cualquier otro país.

Los elementos empleados en la guerra

En esta guerra han entrado en juego todos los elementos modernos de laguerra terrestre. Ha habido furiosas cargas de caballería, asaltos a machete, duelos de artillería, bombardeos aéreos; machetes, rifles, pistolas, ametralladoras, cañones, bombas, aeroplanos, automóviles, todo en fin, lo que el genio humano ha inventado para la destrucción; y si la guerra dura quince días más se hubieran usado también los gases asfixiantes, que ya estabanlistos.

Lo que cuesta la guerra

Según cálculos muy conservativos, esta guerra civil, que ha durado cerca de tres meses, viene costando a Honduras unos $20.000.000; en esta suma sólo contamos el valor de la propiedad destruida, mantenimiento de los ejércitos beligerantes y pertrechos de guerra gastados en la lucha. Pero no hemos incluido lo que el Estado tendrá doble espacio que pagar en pensiones.

Consideraciones finales

Las guerras, con todo y ser malas, tienen algo de bueno si logran dejar una enseñanza para el porvenir. Para un país escaso de población, como Honduras, y como Honduras falto de recursos, cada guerra es, en lo material, un gran paso dado hacia atrás. En lo moral tiene la ventaja de dar a los gobernantes una lección que por poco que se aproveche acabará por hacer que las guerras sean innecesarias. No es que nosotros defendamos la guerra, no. La condenamos en un sentido general, pero sin dejar de reconocer que hay cosas peores que la guerra misma. Y si no fuera por la guerra, que, si es un desastre pasajero para el país, es también un abismo fatal para el desenfreno de los gobernantes, acabaríamos por volvernos tan abyectos y tan sumisos, que perderíamos hasta la noción de los derechos ciudadanos. Se entronizarían las tiranías, perecerían las libertades públicas, y el pueblo quedaría despojado del único derecho que hasta ahora nadie le ha podido quitar, o sea el de levantarse en armas cuando se cree defraudado en la confianza depositada en sus Mandatarios.

Esa teoría no es nueva; la Declaración de Independencia de Estados Unidos reconoce "que cuando un Gobierno se transforma en destructor de los ideales que le han dado vida, el pueblo tiene el derecho de alterar o abolir dicho Gobierno"; y que "cuando un régimen se vuelve absolutista y reduce las libertades públicas, el pueblo tiene el derecho, tiene el deber de levantarse, airado, y derrocar a ese régimen para sustituirlo por otro que sea fiel representativo de las aspiraciones del pueblo". En Honduras no siempre se ha sabido aprovechar las lecciones de las guerras civiles; y esto es lo que les quita en muchos casos su justificación.

La guerra que acaba de pasar es una de las más costosas en sangre y tesoro que registra la historia de Centro América: varios miles de muertos y unos 20 millones de pesos. Es realmente un precio muy elevado. Pero si sobre ese montón de cadáveres y de oro, gobernantes y gobernados se unen para llevar avante una obra de verdadera reconstrucción nacional; y si unos y otros cumplen fielmente su deber de respetarse mutuamente; si los de arriba garantizan y los de abajo cooperan; y si prevalece entre todos el espíritu de justicia y legalidad, entonces los sacrificios hechos durante la guerra, tendrán plena justificación ante la historia. Y si ese espíritu vive y se fortalece en el ánimo de los gobernantes futuros, los gobernados no tendrán ya más necesidad de apelar a las armas para reivindicar cada cuatro años sus derechos ultrajados.

…Y sobre la tumba de los muertos una corona de flores. Para los muertos de la guerra, paz y reposo a su alma. Ellos han muerto en defensa de la causa que acuerparon; no importa bajo qué bandera militaban; lucharon valerosamente hasta que el destino les hizo caer para no volver a levantarse. En el fondo de la tumba todos son iguales. Respetemos su memoria, y coloquemos sobre su tumba una corona de laureles. Y para sus familias, tributemos a su dolor nuestro reconocimiento y nuestra condolencia.

Reconciliación

Y terminaba la guerra, que todos se den un abrazo fraternal en prueba de reconciliación de la familia hondureña. Que se fundan todas las divisas revolucionarias en una sola, siendo la única bandera la de la Patria. Que el rojo del pasado sea el emblema de la sangre derramada en aras del ideal de reivindicación; el blanco emblema de la pureza de los ideales revolucionarios, y el azul emblema de esperanza de una Patria más grande, más próspera y más feliz. Y todos, laborando al unísono por el bien común y el engrandecimiento nacional, ponga cada uno su contingente honrada y desinteresadamente en la obra patriótica de reconstrucción.

"¡DOCTOR BONILLA, VAN A TIRAR UNA BOMBA!"

**Policarpo Bonilla, ex presidente y
candidato en 1923.**

"No podemos desear más que lo que estimamos posible y no podemos estimar posibles las cosas que no dependen de nosotros, a no ser que pensemos que dependen de la fortuna, es decir, que pueden ocurrir y que han ocurrido otras parecidas".
—*DESCARTES.*

POR ARO SANSO

El movimiento unionista de 1921 llamó la atención del mundo, y porque eran observados con atención por el conjunto de las naciones, ningún centroamericano debió contribuir a su fracaso, para evitar que cayera estos pueblos el desprecio universal.

No existe un solo ciudadano de Centroamérica que niegue las bondades y excelencias de la unión, pero existen muchos que la postergan de buen grado a sus comodidades y prefieren ser jefes de aldea a ciudadanos de una gran República.

Fracasada la Federación, cesaron para el doctor Bonilla las actividades políticas; pero pasado algún tiempo y como quiera que iba aproximándose la época en que debía elegirse al sucesor del general Rafael López Gutiérrez, sus amigos empezaron a manifestarle que pensaban en él para postularlo a nombre del Partido Liberal, de que había sido jefe prestigiado.

Las excitativas de viva voz o por escrito, procedentes de amigos de la capital y de los departamentos, fueron haciéndose frecuentes y lo obligaron a declarar que desde hacía 11 años había tomado la resolución de no mezclarse en la política interior del país, reservándose para trabajar sólo por la unión de Centro América, como lo había hecho en todas las ocasiones que se le habían presentado; pero después de la lucha por la Delegación al Consejo Federal se consideraba vinculado con los ciudadanos que lo favorecieron con su confianza, y aunque quisiese mantenerse retraído no lo creerían sus adversarios. Tendría entonces toda la responsabilidad, sin poder influir sobre sus amigos para decidir su actitud en relación con la conveniencia del país. Por este motivo, y por la necesidad palpitante de modificar la política y la administración en Honduras, se veía precisado a cambiar de propósito, estando resuelto a tomar participación en la lucha electoral que se aproximaba. A todos los que le preguntaban si aceptaría su candidatura para la Presidencia de la República, contestaba sustancialmente: que si se convencía de que el pueblo hondureño lo favorecía con la confianza que demostró en la pasada elección, estaba dispuesto a aceptarla; pero que si un cambio de circunstancias o razones de conveniencia pública aconsejaban lo contrario, recomendaría a sus amigos el candidato que mejor respondiese a las aspiraciones nacionales, que en ningún caso sería sino el que mejor garantizase el fiel cumplimiento de la Constitución y de todas las leyes, y que confiaba en que sus amigos estarían seguros de que la resolución que tomase no sería dictada por la ambición ni interés personal de ningún género. Ofrecía tomar una resolución definitiva cuando llegase el momento oportuno de iniciar la lucha electoral y sólo la anticiparía en el caso de que esa lucha la entablasen otras agrupaciones, lo cual sería de lamentarse. Mientras tanto, indicaba la conveniencia de que se mantuviesen compactas las filas de los ciudadanos inde- pendientes para hacer respetar sus derechos y ejercerlos libre- mente.

Sin embargo, habían empezado a barajarse nombres, sonando entre ellos, con verdadera persistencia, el de un cuñado del Presidente de la República; pero éste creyó prudente poner término a esos rumores, haciendo ver la imposibilidad de tal nominación. No obstante, el cuñado estimó que tenía el deber y el derecho de influir en la suerte del Partido Liberal, aunque hecho pedazos por la falta de inteligente dirección y por el descrédito en que había caído la administración del general Rafael López Gutiérrez. Ya desde 1920, en la organización que se hizo ese año, se había cometido el error de excluir a todos los liberales que en las épocas de crisis del partido se habían adherido a diferentes candidaturas, y de no incluir a todos los partidarios del general López Gutiérrez. Por esto la reunión de la Convención de 1922 fue dificilísima y no hubo ni el entusiasmo de aquellos que esperan conseguir, por tal medio, un empleo público; estuvo integrada, en su mayor parte, por elementos oficiales, y finalmente se desintegró por abulia, sin dictar una disposición importante.

Los desaciertos de la administración del general Rafael López Gutiérrez habían hecho converger las miradas hacia otros hombres, con la esperanza de hallar en ellos las innovaciones que hiciesen cambiar un estado de cosas desastroso para el país, sostenido por elementos que no habían sabido hacerse tolerar sus errores. En tales circunstancias sonó de pronto el nombre del general Tiburcio Carías en el seno del conservatismo, lanzado por "El Cronista", que anticipaba esa lucha en un año. Como era natural, los directores de este círculo obtuvieron en parte el objeto que se proponían: llamar por sorpresa la atención general sobre aquel que se hallaba en condiciones de producir el efecto previsto. Mas no fue completo el éxito, pues lo más sensato de la opinión nacional, con desinteresadas miras, había ya formado su resolución de postular la candidatura del doctor Policarpo Bonilla, como el más conveniente sucesor del general Rafael López Gutiérrez.

El círculo director del cariísmo consideró bien su situación frente a un adversario como el doctor Bonilla, temible por muchos conceptos y, al anticipar la lucha, emprendió por la prensa y otros medios a su alcance, una labor persistente de desprestigio contra él, mucho antes de que tuviese prensa propia para defenderse, poniendo en limpio su historia política.

"La Prensa Libre", taller tipográfico costeado por el doctor Bonilla, se instaló a fines de 1922, y en ella empezó a editarse "El Constitucional", diario modelo de decencia periodística, que tuvo como colaboradores asiduos y brillantes a los dos Alduvín, Rafael y Ricardo (el muerto antes del fin de la campaña), bajo la dirección efectiva del doctor Bonilla, que regulaba las fogosidades de esos dos talentos. "El Constitucional", diario de combate, sustancioso y ameno, supo esgrimir el arma terrible de la verdad, contra el embuste, el insulto y la calumnia de la prensa cariísta, cuya voz dirigente llevaba en "El Cronista", el licenciado Paulino Valladares.

Esta prensa reprodujo, en el ardor de la campaña, todo cuanto de malo se había escrito o dicho contra el doctor Bonilla, sin más documentación que los cargos de sus enconados enemigos de otras épocas y los rumores vagos o pronunciados que cobran carta de naturaleza en el alma de las multitudes a fuerza de repetirse, abultando a veces la labor de la calumnia, o sacando de la murmuración las torpes conclusiones de quien desesperadamente no desea otra cosa que aplastar a su adversario. Al doctor Bonilla se le combatió porque había hecho y se le combatió porque había dejado de hacer; luego el crimen del doctor Bonilla no era otro que la posición dominante que había logrado adquirir en la política de su país, a fuerza de talento y de energía, y se hallaba ahora entorpeciendo la ascensión del general Tiburcio Carías a la Presidencia de la República. Sin embargo, bueno es que entonces se pudo haber deseado para barrer de sospechas indignas la limpia historia política pasada, para probar que todos sus impulsos habían sido generosos, elevadas sus ideas, previsores sus actos, acertadas sus presunciones; que esforzaba su lucha por la libertad; que había logrado su ideal de implantamiento de instituciones avanzadas; que se había mantenido puro en el poder; que había sido un celoso observador de la ley, hasta el fanatismo: que había laborado, durante toda su vida, por la unidad centroamericana; que había defendido la integridad territorial con entusiasmo y raro acierto; que había representado a su país en el exterior con tanto lucimiento como era preciso para que se hiciera notar por los hombres más notables de la política mundial: Wilson, Clemenceau, Lansing, etc., y los alemanes habían de recordarlo, con gratitud, a la hora de su muerte. Los hondureños según se deduce de la prensa adversaria, no lo deseaban, porque era demasiado Presidente para tan poca República, y eran consecuentes con este modo de pensar los que habiendo sido sus partidarios para Consejero Federal, lo eran ahora del general Carías para gobernante de Honduras.

Brillantísima fue esa ocasión para confundir a sus detractores: repetidas veces éstos se vieron acorralados, vencidos, humillados a la luz de la verdad, aunque en su procacidad no quisieron re-conocerlo, y preferían tener salidas *clownescas,* capaces de hacer sonreír a un cónclave de graves señores, antes de rendir pleitesía al mérito; y es que, además de esgrimir el doctor Bonilla una lógica de acero para ser contundente en el razonamiento, tenía la ventaja sobre sus adversarios de hallarse bien documentado y de gozar de una memoria privilegiada, que explica por qué algunos de éstos recibieron sorpresas harto desagradables.

El doctor Bonilla podía recordar, veinte años después, a quienes habían sido sus humildes y obscuros ayudantes, durante las campañas del 93 y 94, al sólo presentarse uno de éstos, cambiado por el tiempo. Su archivo es un arsenal. Tenía la costumbre, envidiada por muchos, de guardar el papelillo más insignificante. En él se ven tarjetas, concisas cartas de recomendación, anotaciones, apuntes varios en que se encuentran los nombres de todos los que fueron sus amigos y de muchos de sus adversarios en actitudes poco favorables para ellos, a veces sugestionando, reconociendo el mérito de sus virtudes y afirmando lo contrario de lo que después habían de decir, descubriendo la lacra de sus vicios, de sus cobardías, de sus torpezas, de sus humillaciones, de sus bajezas, de sus inconsecuencias, de sus errores, de sus arrebatos, de sus miras y de sus ideales. Su correspondencia se encuentra rigurosamente conservada desde cuando tenía veinte años, es decir, desde el año de 78. Para cualquiera que hubiese estudiado la personalidad del doctor Bonilla, éste forzosamente tenía que ser temible, como adversario, y así tuvieron ocasión de comprobarlo muchos.

Mas "El Constitucional" no se exaltó jamás. Siempre se le vio sereno campear en el periodismo hondureño, despreciando el insulto, las bajezas de los otros y haciendo gala de la verdad. El historiador puede ir a abrevar a esa fuente, sin terror al engaño. Sus aguas son puras. Nada se dice en él que no pueda comprobar. La pasión no ofuscó esa hoja periodística una sola vez, ni se dejó tentar nunca por la mentira, y si el doctor Bonilla cometió errores, ellos fueron reconocidos honradamente.

"El Constitucional" apareció el 12 de octubre de 1922 e iba a servir de vocero al Partido Liberal Constitucional denominado así para no confundirse con las fracciones liberales personalistas que se habían organizado antes, y su divisa sería el establecimiento de un gobierno de leyes.

Diez días antes de la aparición de este diario político el secretario del llamado Consejo Supremo del Partido Liberal había dirigido al doctor Bonilla una extensa comunicación en que reseñaba todos los peligros que podían ocurrir a esta agrupación y al país a causa de su fraccionamiento, y le hacía un llamamiento —como lo había hecho a otros miembros importantes del partido, según lo manifestaba— para que concurriese a su compactación, bajo las amplísimas condiciones que en seguida pasaba a reseñarle.

Olvidaba el secretario de ese cuerpo muchas circunstancias que impedirían al doctor Bonilla atender la excitativa incondicionalmente, por muy bien intencionado que estuviese en las miras y propósitos que se le hacían saber: no hacía un año que el grupo que representaba el Consejo había adversado la candidatura del doctor Bonilla para Consejero Federal e impuesto la del licenciado Francisco Paredes Fajardo; que ese grupo, compuesto en su mayor parte de elementos oficiales, no mostraba hacia el doctor Bonilla la menor simpatía y se había desacreditado por su violencia y exclusivismo, y, por último, había ya demostrado su inclinación a una determinada personalidad, la más inconveniente, en aquellos momentos, para restablecer esa agrupación en su perdido crédito.

El doctor Bonilla contestó ofreciendo contribuir personalmente y con sus amigos políticos, a quienes consideraba liberales por aceptar sus opiniones e ideas a la reorganización del partido, que no se llamaría Partido Liberal a secas. En esa organización no se excluiría a ningún elemento, cualesquiera que hubiesen sido su actitud, sus opiniones y sus compromisos durante las luchas políticas anteriores; todo con la condición de la más amplia y sincera cordialidad. Para verificar esta reorganización se nombraría una comisión compuesta de los elementos antagónicos que se trataba de fundir, la que designaría a los delegados en los departamentos que se encargarían de efectuarla. Habría necesidad de convenir en las reglas para la elección de delegados y el número de los que debían concurrir a la Convención con garantía suficiente de que esa elección sería enteramente libre.

La Convención elegiría a los candidatos para la Presidencia y Vicepresidencia de la República y magistrados de la Corte Suprema de Justicia. El doctor Bonilla acataría personal y colectivamente las decisiones de esa gran Convención y trabajaría con todos los elementos del partido para hacer triunfar en los comicios a las candidaturas propuestas; pero los miembros del partido no tendrían obligación de aceptar dichas candidaturas si recayera la designación en persona que en ejercicio del poder público hubiese ordenado privar de la vida a cualquier persona o aplicarle palos y otros tormentos. Prácticamente, haciéndose la reorganización en los términos indicados, se lograría la unificación de los hondureños, alejándose así el peligro de la guerra civil.

El secretario del llamado Consejo Supremo del Partido Liberal no contestó, y era natural, porque siendo su grupo, como él, presuntos partidarios del doctor Juan Ángel Arias, no podía aceptar condiciones que cerraban la puerta a este ciudadano para ser postulado candidato a la Presidencia de la República, por el partido que se organizase.

Declarada la lucha por autoridades supremas entre las diversas agrupaciones, mucho antes de la fecha en que el Congreso Nacional convocase al pueblo para que se preparase a elegir aquéllas, la campaña electoral no tardó en intensificarse, interesando a todos los elementos del país. Entre esas agrupaciones, dos se señalaban por su fuerza: la que se había formado alrededor de la personalidad del doctor Bonilla, integrada por hombres que representaban, en su gran mayoría, la clase laborante, sana y desinteresada del país; y la de reciente formación, que postulaba al general Tiburcio Carías Andino. El elemento oficial, sin opinión alguna favorable entre las clases independientes, pensaba en el doctor Juan Ángel Arias. Había otras postulaciones que no merecen la mención histórica, por su escasa significación.

Los agentes electorales empezaron a recorrer el país en distintas direcciones, en labor de convencimiento y de atracción, adversados los independientes por el elemento oficial, aunque impotente para detener la marcha de los acontecimientos. El doctor Alduvín, orador fogoso y elocuente y hombre de energía y talento esclarecido, salió de esta capital para visitar los departamentos occidentales del país, a nombre del Partido Liberal Constitucional y su gira dio óptimos frutos. El doctor Bonilla contaba con hombres ilustrados y prestigiosos, con agentes decididos e incansables, con partidarios

155

convencidos, y éstos, laborando en los distintos sectores con verdadero entusiasmo, operaron en poco tiempo anticipándose a sus adversarios, la organización de un fuerte partido que habría obtenido el triunfo, para bien de Honduras, en las elecciones si no es por las circunstancias que se consignarán adelante. El aspecto de la lucha alarmó al elemento oficial, que veía invadido el campo por sus adversarios, con la perspectiva de quedar aislado, si no tomaba una resolución pronta y desesperada, y a pesar de que estaban imposibilitados por la ley para tomar participación en ella, abiertamente, amparándose al sofisma de que, aparte su investidura, podían en calidad de simples particulares hacerlo como cualquier ciudadano independiente, un funcionario público se aventuró a interrogar por la prensa a los ministros de la Gobernación y de la Guerra sobre su actitud política, en la lucha de candidaturas, frente a los acontecimientos que se desarrollaban, lo que poco antes había hecho privadamente.

Ese paso provocó la sorpresa general e inmediatamente la prensa independiente, con excepción de la del general Carías, comentó el hecho, acarreando una consecuencia muy natural: que se pusiese mayor atención sobre la verdadera actitud de varios miembros del Gabinete del Presidente Gutiérrez, que estaban alimentando de diversas maneras las actividades del que se había arrogado el nombre de Partido Liberal.

La historia demuestra que la paz en Honduras sólo puede mantenerse con el cumplimiento de la ley y especialmente con la absoluta libertad electoral para la trasmisión del poder público, y varios de los ministros de entonces, seguramente sin la aquiescencia del general López Gutiérrez, estaban desarrollando actividades, según se dijo entonces, que no eran ninguna garantía para esa libertad electoral, mucho menos si, como llegó a afirmarse, habían ordenado antes la imposición a toda costa de las candidaturas para diputados que ellos mismos habían escogido, en las elecciones de octubre pasado, en que el Partido Liberal Constitucional no tomó parte, si bien obtuvo tres diputados por espontaneidad de los electores. El anciano Presidente, aunque culpable de dejarse manejar, no era en rigor responsable de la actitud de sus colaboradores, y el pueblo lo creía así, como lo había probado, acudiendo a defenderlo siempre que había habido brotes revolucionarios armados.

A esa actitud se debió la caída de los señores doctor José María Guillén Vélez, como ministro de la Gobernación, y general Salvador M. Cisneros, como ministro de la Guerra y no a intrigas del doctor Policarpo Bonilla cerca del general Rafael López Gutiérrez, como la prensa oficial tuvo la audacia de afirmarlo enfáticamente, al hacer la defensa de los ministros caídos, en virtud de comunes intereses.

La existencia de cuatro candidaturas en lucha, bonillista, arista, cariísta y colindrista (la segunda de ellas apoyada abiertamente por la prensa y demás elementos oficiales, contando a su favor con casi todos los comandantes de armas de la República), infundía en todos el temor a la guerra, aun cuando la primera, por antiguo convencimiento y firme propósito del doctor Bonilla, más bien era garantía de paz, que se reforzaba por el ingreso al Partido Liberal Constitucional, de importantes elementos que los otros partidos hubiesen querido contar en su seno. Uno de estos elementos fue el doctor Mariano Vásquez, que el cariísmo se esforzó en atraer a sus filas, por su marcada importancia política, y otro el general Gregorio Herrera, que se mantuvo como aquél, durante algún tiempo, en atenta observación de los hechos, antes de decidirse. El doctor Vásquez arrastraba al Partido Liberal Constitucional a numerosos amigos, entre éstos algunos destacados elementos de la política del país, y el general Ferrera inclinaba a favor de dicho partido la voluntad de la casi totalidad de los votantes de su departamento, Intibucá, y gran número de otros, especialmente de Gracias, Copán, Santa Bárbara y Cortés.

Los celos que esas adhesiones provocaron en el arismo y cariísmo, aumentaron su agresividad hacia el doctor Bonilla, y su prensa no cesó un solo día de atacarlo, usando como armas la calumnia y el insulto más groseros. El arismo y cariísmo marcharon de acuerdo en tal propósito, por algún tiempo, lo mismo que para no atacarse mutuamente, por entendimiento expreso entre el doctor Juan Ángel Arias y el licenciado Paulino Valladares, director del nacionalismo y de su prensa, aunque el primero había tenido otro con el ingeniero Luis Bográn en San Pedro Sula, sin efectos sensibles. Frente a una tal perspectiva tan poco tranquilizadora, el señor ministro americano, por propio impulso o quizás por sugestiones de otros, interpuso su mediación en la contienda política, provocando una conferencia de candidatos, a efecto de que renunciasen en favor de otro que escogerían de común acuerdo. Todos se manifestaron dispuestos a consentir en llegar a un arreglo, menos el general Carías, que manifestó no pertenecerse sino a su gran Partido Nacionalista. La Conferencia se disolvió sin resultado; pero hubo otra poco después, también provocada por el mismo ministro americano, porque éste concibió esperanza de reducir al general Carías. Mas no se obtuvo, como la primera vez, ningún resultado por oponerse el mismo general Carías, aunque produjo el retiro del señor Mejía Colindres, como candidato a la Presidencia, y éste dejó a sus amigos, en su mayor parte liberales, en libertad de apoyar a quien tuviesen a bien. Quedaban tres candidatos: los dos independientes frente al doctor Juan Ángel Arias.

Dispuesto estuvo siempre el doctor Bonilla a llegar con el general Carías a un entendimiento satisfactorio para ambos partidos independientes, porque era el medio más seguro de afirmar la paz, y amigos bien intencionados de ambos estuvieron, sin desmayar un momento, haciendo las facilidades posibles para que aquéllos se entendiesen; pero el general Carías, aconsejado por un círculo estrecho de intransigentes, prefirió seguir la lucha solo, convencido de que su numeroso partido lo llevaría a la Presidencia de la República por medio del voto o por las armas, y esta agrupación se manifestaba agresiva y descortés, en lo cual concordaba con el arismo: ambos se unían para combatir en igual forma al bonillismo; ambos querían la guerra, tenían el mismo carácter y hacían uso de idénticos medios reprobados.

Sin embargo, el día que se verificó la primera votación de mesas, nervioso por la hostilidad con que los aristas trataban a sus partidarios, el general Carías envió al doctor Bonilla a un emisario para decirle que debían aliarse frente al enemigo común. Sonrió el doctor Bonilla. "Es tarde —contestó—. Sólo puedo aconsejar a ustedes que no tengan temor, aunque los amenacen, para que los votantes no se desmoralicen. Así hice yo el 91. Me puse al frente de mis amigos que se habían dispersado, porque les apuntaban con los fusiles, seguro de que no dispararían y no dispararon". El emisario regresó llevando esa lección.

El segundo día de elección, el oficialismo comprendió que su causa estaba perdida y dio orden a comandantes y gobernadores para que no adversasen la candidatura del doctor Bonilla; pero, como en el caso del general Carías, era ya tarde. Durante esos dos días de elección, el bonillismo había perdido tanto que no lograría, en el último día de comicios, reponer lo que el arismo. le había restado en los dos precedentes para obtener la mayoría absoluta. El arismo obtuvo durante los tres días 20,000 votos.

Obtuvo el cariismo 49,000 y el bonillismo 34,500. No hubo la mayoría absoluta requerida a favor de ningún candidato para que el Congreso que se instalaría el 1° de enero próximo declarase que se había electo Presidente y demás autoridades supremas.

ESTADOS UNIDOS LLAMA A LOS TRES CANDIDATOS

El arismo no se desalentó, porque en ese Congreso contaba con un fuerte núcleo de diputados, aunque no alcanzaban a formar quórum; en cambio, el doctor Bonilla, sólo tenía siete. Mas, con el concurso de los diputados cariístas, el bonillismo logró hacer triunfar una directiva mixta, cuyo presidente fue don Ángel Sevilla.

Toda la atención de los políticos y del pueblo se fijó en ese alto cuerpo, llamado a operar la salvación del país, siempre que se inspirase en el bien general, laborando por la paz.

Pero, desgraciadamente, las dos fracciones poderosas en el seno del Congreso, tan intransigente la una como la otra, llevaban ya los odios y resentimientos que había despertado el roce de la pasada lucha y sólo tuvieron en mirar cada una por sí, hacer triunfar su causa. Pareciera que hubiesen tenido tatuada en su corazón la divisa "O César o nada", de aquel César Borgia que inspiraba a Maquiavelo su obra famosa.

El doctor Bonilla había ya manifestado enfáticamente, inspirado siempre en su amor a la paz, que si las fracciones arista y cariísta

159

lograron entenderse, él no les haría por su parte obstáculo alguno.

Las sesiones de esa Asamblea, desde su iniciación inspiraron el más hondo interés en todo el país; pero cuando iban a vencerse los primeros quince días del mes de enero, sin que los diputados que representaban los intereses de sus respectivos partidos, manifestasen indicios o posibilidad de armonía, la esperanza puesta en ese cuerpo se trocó en temor: llegarían hasta el fin sin haber electo Presidente, entre aquellos candidatos que habían obtenido mayor número de votos.

Visto lo cual, el ministro americano, señor Morales, con autorización de su Gobierno, según lo manifestó, invitó a los tres candidatos en lucha para procurar entre ellos un avenimiento. La conferencia se verificó el jueves 10 de enero de 1924, en la Legación Americana. Cuando el doctor Bonilla llegó, ya estaban en ella el doctor Arias y el general Carías, a pesar de que eran en aquel momento las ocho en punto, hora que había sido fijada. El doctor Arias había llegado acompañado por diez o quince de sus partidarios, de los cuales, dos estaban en el interior de la Legación.

Rindió el ministro a los candidatos las gracias por haber atendido su invitación, y después de una breve plática que sirvió de introducción, les manifestó su objeto: procurar un avenimiento entre ellos para asegurar en el Congreso la elección de Presidente y conjurar el peligro de la guerra.

El doctor Arias se expresó brevemente, diciendo que deseaba ardientemente un arreglo satisfactorio y a esta manifestación se adhirió el doctor Bonilla; pero el general Carías no estuvo de acuerdo. Dijo que su partido se encontraba en una posición excepcional, porque sufría la persecución de sus adversarios. Que eso no le permitía transigir, porque sólo mandando él podía garantizar a su partido y a los hondureños en general, mediante un gobierno nacional, la tranquilidad necesaria, porque a todos abriría los brazos.

El doctor Bonilla contestó que eso de gobierno nacional, no pasaba de ser una promesa. Había una prueba reciente en la organización municipal de Tegucigalpa, de la que había sido separado todo individuo que no era de filiación cariísta.

Se plantearon varios problemas con la posibilidad de que su solución tendiese a realizar los deseos del ministro americano. El doctor Bonilla manifestó que ya varias veces había declarado personalmente a los candidatos y por medio de la prensa, y lo repetía en ese momento, que si Arias y Carías se entendían para hacer Presidente a cualquiera de ellos, él no presentaría ninguna dificultad, porque en ningún caso se lanzaría a la guerra; pero si no se entendían sobre la Presidencia, consideraba más fácil que se pusiesen de acuerdo para la elección de primer designado, asegurándoles que él y sus amigos, aceptarían al que ellos escogiesen. El doctor Arias se opuso a ese pensamiento, diciendo que creía inconveniente que se hiciera la elección de designado antes de la de Presidente y Vicepresidente, y aquélla debía hacerse hasta después de practicarse la de éstos, dando a entender que sería inconstitucional anticipar a la otra la elección que se proponía; pero el doctor Bonilla recordó que según el reglamento interior de la Cámara, la elección de designado debía verificarse en los primeros quince días del mes de enero. La ansiedad del doctor Bonilla por esa elección obedecía a la necesidad de conjurar el peligro de que no se practicase la de Presidente y Vicepresidente y quedase el país bajo un gobierno de hecho, que acarrearía, como consecuencia inmediata, el trastorno de la paz. Arias volvió a oponerse agregando que tenía fe en que la elección de Presidente se haría, aunque variando en este sentido; que si el 25 de enero no se había elegido Presidente, se haría la de designado. Que el reglamento no era una ley, porque el Congreso podía pasar sobre él. Ante la insistencia del doctor Arias, el doctor Bonilla manifestó que la elección de designado no tenía importancia después de la de Presidente; pero que verificándose antes significaría un alivio para la situación tirante que se había producido, calmando la ansiedad general del país. Arias declaró que consideraba sospechoso el empeño del doctor Bonilla de querer la elección de designado antes que la de Presidente, lo que daría a conocer a sus amigos. El doctor Bonilla, a este ataque, manifestó que tal aseveración sería desmentida por el general Carías y el ministro americano, a quienes constaba que él tenía más empeño que nadie en que se verificase. A este punto

161

manifestó Arias que el general Carías no había dado su opinión todavía sobre lo que se discutía, y obligó al general Carías a declarar que no podía darla sin consultar antes a sus amigos y especialmente a los diputados de su agrupación. Como más de una vez se habló de la posibilidad de que se rompiese el quórum, el doctor Arias propuso que se firmase el compromiso de no estorbar por ese medio la elección presidencial. El doctor Bonilla no tenía inconveniente en contraer ese compromiso de una manera absoluta; pero consultado el general Carías, dijo que no podía comprometerse sin consultar antes a sus amigos, los diputados, negándose a dar su opinión personal a este respecto. En el curso de la discusión sobre este y otros puntos, el doctor Arias manifestó que sus amigos no romperían el quórum, al hacerse la elección presidencial y dio ocasión al doctor Bonilla para preguntarle si el compromiso de que había hablado ya varias veces se limitaba a ese caso, pues había entendido que no se rompería por ningún motivo.

Aquel aclaró que no podía entenderse así, porque si antes del 25 se trataba de elegir designados, sus diputados impedirían la resolución, retirándose. Consideró el doctor Bonilla que por ese u otro motivo se burlaría el compromiso, sin aparecer que el quórum se rompía para evitar la elección de Presidente y consideraba inútil el arreglo que se había propuesto.

Después de haber repetido el doctor Bonilla la declaración de absoluto pacifismo y la seguridad de que no promovería por ningún motivo revolución contra el Presidente actual, contra el electo, contra el designado, ni contra la dictadura, el doctor Arias manifestó que él y su partido se conformarían con la elección que el Congreso hiciere de Presidente. Consultado el general Carías, dijo que ya había manifestado que su partido se encontraba en una posición excepcional y que él no podía responder de su actitud, especialmente de la de los perseguidos, emigrados y encarcelados. El doctor Bonilla hizo ver que sólo faltaban veintidós días para que el Presidente López Gutiérrez terminase su período legal y continuaría de hecho si antes no se le daba sucesor. Mas si de la conferencia resultaba un convenio sobre los designados a satisfacción del general Carías y del doctor Arias, como antes había indicado, se podría estar seguro, naturalmente, de que no habría necesidad de alzarse en armas contra el nuevo Gobierno, del que los tres candidatos obtendrían del Presidente la libertad de los presos, más las garantías a favor de los perseguidos y en el Congreso la suspensión del Estado de Sitio. El general Carías manifestó que él no estaba seguro de que eso satisfaciera a sus amigos.

Por varias veces, en el curso de la conferencia, el doctor Arias pidió al ministro americano alguna sugestión que ayudase al arreglo que se buscaba; pero éste contestó que sus instrucciones se lo impedían, obligándolo a proceder con absoluta imparcialidad. En varias ocasiones el ministro manifestó su ansiedad por el peligro de que no se llegase a la elección de Presidente, ni de designado, ya que obligaría al establecimiento de un régimen dictatorial, que él estimaba como una desgracia nacional. Fundó sus temores en que podría disolverse el Congreso sin hacer la elección, pues en los diez días que habían pasado apenas se habían celebrado cuatro sesiones por falta de quórum. Terminó la conferencia sin éxito. Se sentía venir la guerra.

La atmósfera olía ya a pólvora y se anticipaba la visión siniestra de las devastaciones y de los cadáveres en las montoneras, caídos en poses trágicas. No se trataba sino de un simple cambio de nombres en las nóminas del Presupuesto, y, sin embargo, los dirigentes de la política no descansaban un instante. El doctor Bonilla era una excepción entre esos hombres. Él no entraba en el rol. Siempre estuvo dispuesto a transigir o a dejarlos hacer, para no ser uno más en aquel enjambre, cuyo ronroneo mantuvo en tensión los nervios de todos los que de cerca o de lejos observaban el desenvolvimiento de los sucesos y la formación de la tormenta. Las mentes trabajaban sin descanso por la salvación de la patria, y, a pesar de ello, lo que hacían eran hundirla en el descrédito, lo que no deja de ser curioso.

A pesar del fracaso de la Conferencia de que se ha hecho la reseña, otras se celebraron después, aunque no entre los tres candidatos, sino entre dos de ellos: bien entre el general Carías y el doctor Bonilla, bien entre el primero y el doctor Arias, fuera de que los diputados entre sí hacían sugestiones y proponían nombres, frente a la imposibilidad de llegar a un acuerdo para elegir Presidente entre aquellos que habían obtenido mayor número de votos, que eran el doctor Bonilla y el general Carías.

Tampoco descansaba el ministro americano. El doctor Bonilla y el general Carías, a fines del mes de enero, cuando la esperanza agonizaba, lograron convenir en la nominación de algunas personas para designados; pero el segundo rompió ese acuerdo, según el primero, porque el doctor Arias le propuso la elección de él (Carías) y la del doctor Miguel Paz Baraona para Presidente y Vicepresidente, respectivamente, con la condición de que renunciase para que éste la ejerciese en su lugar. Los diputados aristas obligaron al doctor Arias a faltar a ese compromiso y a proponer al general Carías un nuevo convenio. El general Carías, como era natural, no aceptó. Después de esto el ministro americano, que, como se ha dicho, tampoco descansaba, propuso al general Carías y al doctor Bonilla, volver a sobre la nominación de designados, y aquél manifestó que resolvería al día siguiente, y no resolvió nada, porque ya tenía resuelto salir de la capital, alzándose en armas el 30 de enero contra el Gobierno del general López Gutiérrez, cuando era aún Presidente Constitucional. Narra el doctor Bonilla todas estas circunstancias en un documento inédito de indiscutible importancia histórica.

Los acontecimientos se precipitaron impulsados por las fuerzas ciegas que habían venido acreciendo rápidamente y ya no existía fuerza humana capaz de contener su violencia. El Consejo era extemporáneo. Los arreglos tenidos en conferencias de políticos, ya no se explicaban y sólo podían justificar el anhelo del patriotismo por salvar la paz. En obediencia a un llamamiento urgentísimo, el doctor Paz Baraona había llegado a la capital. Iba a entregársele la Presidencia a este ciudadano, con los auspicios del ministro americano. En seguida vino una apasionada opinión a barrer ese intento. La Casa Presidencial era un torbellino en que resonaba la voz airada del odio, nulificando toda idea salvadora. Las inteligencias desapasionadas que veían claro en esa vorágine, que nunca perdieron el equilibrio en la serenidad de su espíritu, como el doctor Bonilla, salían flotando a la orilla de esas aguas revueltas y cenagosas. El anciano Presidente, aturdido por las circunstancias, dio un paso impolítico: se hizo dictador cuando vio que no había Presidente electo que recibiera la carga que difícilmente podían sostener sus cansadas espaldas y que debía aplastarlo poco después.

El ministro americano se disgustó. Quizás por este disgusto o por otros motivos tan poderosos como él, infundieron en el dictador de pocas horas la resolución extremada de enviar un correo al general Carías con el encargo de manifestarle que se regresase para que recibiera la Presidencia; pero el correo no alcanzó al general Carías. Existía en esos momentos un gabinete compuesto de elementos que inspiraban confianza a muchos, entre los cuales no se encontraba el doctor Arias. Este amenazó con levantarse en armas, teniendo el poder militar en sus manos, y el gabinete mixto que se había formado, cayó, dejando lugar a otro integrado por amigos de él.

La guerra civil se había iniciado el 31 de enero a las doce de la noche en La Esperanza, encabezada por los generales Vicente Tosta y Gregorio Ferrera y el uso del telégrafo y del correo se prohibió al doctor Bonilla para entenderse con sus amigos; en consecuencia, no pudo comunicarles sus instrucciones sobre neutralidad.

Los partidarios del general Carías salieron de Tegucigalpa en seguimiento de su jefe, con dirección a la frontera de Nicaragua, en donde creían se encontraba aquél, libraron un combate en Jacaleapa y fueron completamente derrotados; habiendo traspasado en su fuga la frontera mencionada.

El general Carías, alzado el 30 de enero en la noche, se dirigió al valle de Comayagua y permaneció en Lamaní, reuniendo gente y armas, hasta el 9 de febrero siguiente. De allí salió por Zambrano, Talanga, Cantarranas y Jacaleapa, habiendo acampado en El Pedregalito y Sabana Redonda, muy cerca de la frontera, donde fue atacado por las fuerzas de los generales Peralta, Cardona y otros, y, completamente derrotado, se internó en Nicaragua. Su grupo y el de los partidarios que lo siguieron sumaron más de 2,000 hombres, pero estaban armados sólo unos 700, con escasez de cartuchos. Atacaron la plaza de San Marcos de Colón y fueron rechazados.

Los generales Ferrera, Tosta y Castellanos, organizados en La

Esperanza, atacaron y tomaron Marcala el 3 y se hicieron dueños de las plazas, además de las dos anteriores, de Gracias, Santa Rosa de Copán y Santa Bárbara, sin combatir, porque las fuerzas de la dictadura al ver flamear la bandera tricolor del Partido Liberal Constitucional, rojo, blanco y azul, que éste había tomado por divisa, se desbandaron una parte y otra se agregaron a la revolución. Ocotepeque, donde dominaba el bonillismo, se pronunció el 9. Después de Santa Rosa, el ejército revolucionario se dividió, dirigiéndose Tosta hacia el norte y cambiando su divisa por la de azul y blanco, y Ferrera tomó hacia el interior, continuando con la misma, hacia Comayagua, plaza que atacó el 21 a las nueve de la mañana.

El general Tosta se situó en Cofradía, a 6 leguas de San Pedro, donde fue atacado por sorpresa, por un ejército de 2,000 hombres bien equipados, a las órdenes de Salvador M. Cisneros y otros generales. Este ejército fue derrotado completamente y reorganizado sufrió una segunda derrota en Chamelecón, infligida por el mismo general Tosta, que entró después a San Pedro y se posesionó después de La Ceiba, donde las fuerzas de la dictadura le hicieron una última resistencia, aunque escasa.

Hubo movimientos de pequeñas partidas en Colón, Atlántida, Yoro, Choluteca y Valle, pero éstas fueron derrotadas. Sólo una tuvo éxito en Olancho. La ciudad de La Paz estuvo alternativamente en poder de revolucionarios y dictatoriales, pero esta plaza no tiene la significación estratégica de Comayagua que el general Ferrera tomó después de cuatro días de combate.

El Gobierno se hallaba en manos del partido arista, aunque centenares de bonillistas militaban en sus filas por afinidad de color y porque fueron llamados por el general Peralta, conocido como amigo del doctor Bonilla. Otros fueron llamados por el general Toribio Ramos, de Choluteca, para defender el Partido Liberal, diciéndoles que no debía hacerse distinción entre aristas y bonillistas, aunque los demás jefes militares aristas miraban con desconfianza a los últimos y echaban sobre ellos todas las responsabilidades, no obstante que con gusto peleaban unidos al arismo contra el general Carías, pero no pensaban lo mismo al hablárseles de combatir al general Ferrera que venía con elementos, en gran número bonillistas, sus correligionarios.

En la capital había amenazas contra la vida del doctor Bonilla, quizás para obligarlo a salir del país. Los cariístas mostraban el mismo empeño, pero él se mantuvo tranquilo en su casa, con la esperanza de poder contribuir al restablecimiento de la paz, como desde el principio de la lucha electoral, para impedir la guerra civil, lo que había conseguido hasta el 30 de enero.

Las fuerzas del general Ferrera, después de adueñarse de Comayagua, avanzaron sobre Tegucigalpa y tuvieron en el camino dos encuentros con las fuerzas dictatoriales en que éstas resultaron derrotadas, el primero en el punto denominado La Pirámide y el segundo en Zambrano. El jefe revolucionario vaciló en sitiar la capital, por la escasez de elementos que, aunque fueron capturados en esos combates, no eran suficientes para empresa como la aludida.

Prácticamente la capital empezó a ser amenazada en los primeros días de marzo. Tegucigalpa se agitaba. La casa del doctor Bonilla era hostilizada por los jefes de la plaza. Algunos de éstos pasaban frente a ella, viendo de reojo y hablando sordamente. En el interior se habían reunido algunos amigos armados. Se introducía parque y fusiles, por el intermedio de oficiales y soldados que prestaban su servicio en los cuarteles. Algunas de esas armas las tenía el doctor Bonilla por autorización del Presidente López Gutiérrez, entre ellas una ametralladora, para garantizar su persona contra las agresiones de sus enemigos, dueños de la plaza.

El grupo de amigos, generalmente vecinos de la capital, se aumentó con la llegada de nuevos contingentes. Hubo cien hombres sobre las armas en la casa del doctor Bonilla. Esto lo sabían bien sus enemigos y hablaban de que aquello era una República dentro de otra y que no podía ser que tuviesen al enemigo en casa. Tramaron proyectos de ataque, después de haber empleado la diplomacia, que consistió en usar el nombre del Presidente, que se hallaba moribundo, para pedir las armas; pero el doctor Bonilla exigió la firma de López Gutiérrez y ésta no llegó.

Antes de la llegada del general Ferrera a Toncontín, con sus huestes, el doctor Arias había salido del país, por la vía de Amapala, coincidiendo su partida con la de doña Ana de López Gutiérrez, esposa del dictador; pero ésta fue sorprendida en el puerto de Amapala con la inoportuna noticia de que don Rafael se hallaba en agonía hacia el 9 de marzo y regresó. El general López Gutiérrez murió el 10. Fue velado en la casa del Banco de Honduras. El poder pasó a manos de un consejo de ministros aristas.

Por la noche de ese día, a las 9, el centinela colocado en uno de los balcones de la casa del doctor Bonilla vio a un hombre sospechoso colocado a la sombra de un poste de luz en la esquina de la casa del licenciado Rubén Barrientos. Este hombre fumaba furiosamente mientras acariciaba en sus manos una bomba. Fuera circulaban rumores siniestros. A veces se oía, en la calle desierta, una voz en fuga, o el paso de un automóvil. La luz eléctrica alumbraba débilmente las calles. Los hombres reunidos en la casa, divididos en grupos, jugaban unos a las cartas y comentaban otros los sucesos de la hora presente. El doctor Bonilla se hallaba, rodeado de su familia, en una habitación interior. De pronto ve acercarse corriendo al centinela: "¡Doctor Bonilla —exclama— van a tirar una bomba". A esta noticia, todos corrieron a las armas. Algunos pidieron autorización para disparar contra el hombre de la bomba, antes de que la arrojara. El doctor Bonilla la negó, en dos veces. En seguida el centinela, que había vuelto a ocupar su puesto, regresó corriendo para anunciar que la bomba había sido arrojada. Se oyó un choque leve sobre la techumbre "¿Lo tiro antes de que se aleje?", interrogó uno con el arma preparada. "Déjela que estalle", contestó. Transcurrido un minuto o menos, la bomba estalló, sacudiendo la casa, despedazando el techo y perforando el cielo raso del salón principal.

Entonces, sacudido por la indignación, ordenó: "Afuera todos, a castigar a esos bandidos". La gente se arremolinó un momento, con las armas en alto, en los corredores interiores y se lanzó a la calle. Llegaron hasta el Parque Morazán, pero el enemigo se reconcentró a sus cuarteles, haciendo resonar, durante unos veinte minutos, sus ametralladoras de San Francisco y del piso alto del edificio del Telégrafo. No hubo un muerto. Esa noche no se en- tabló un combate en las calles de la capital, porque el general Ferrera estaba a las puertas.

El cuerpo diplomático y consular se presentó en casa del doctor Bonilla el 11 en la mañana para ofrecer su amistosa mediación entre el doctor Bonilla y la dictadura. La situación del doctor Bonilla y sus amigos era excepcional. Toda esperanza de paz había desaparecido. Esta no podía hacerse renacer sobre la punta de las bayonetas. En consecuencia, atendiendo la sugestión que se le hizo y porque no había otra mejor, convino en refugiarse con su familia en la Legación Americana, y la mayor parte de sus amigos, al mismo tiempo que él, salieron por la noche organizados y armados, por el lado del Guanacaste, para incorporarse a las fuerzas del general Ferrera, estacionadas en Toncontín.

El doctor Bonilla regresó a su casa al cuarto día, y su familia quedó instalada en la de doña Irene de Lardizábal. En su casa encerrado oía el rumor de la locura desatada. Por la noche leía y meditaba y durante el día también, u observaba los movimientos de los ejércitos en combate, que se disputaban las alturas. La más visible y observable de éstas era el Berrinche. Un día veía hacia ésta, parado en la puerta de comunicación entre los corredores y un patio interior. Allí permaneció largo rato de pie, y, al quitarse, una bala cayó en el mismo sitio que él ocupaba un segundo antes. Otro día un grupo de soldados llamó imperiosamente al portón de la calle. Alberto Lagos, preguntó, sin abrir, qué deseaban. "¡Abra esa puerta!", ordenaron. "Es imposible— contestó— porque tiene pesadas trancas y no las puedo mover". El doctor Bonilla oyó el corto diálogo y sintió en uno de sus bolsillos el peso de su revólver. No se inmutó. Los soldados, sea porque procediesen por propio impulso, sea porque los retirase alguno de sus jefes prudentes, o amigo del doctor Bonilla, abandonaron su intento y se alejaron.

La presencia del General Ferrera en el Llano del Potrero infundió confianza al general Carías, que reorganizó sus huestes en numero de 2,000 hombres y se acercó a Suyapa. Estas atacaron la capital por el lado del Guanacaste e intentaron tomarse el cerro de Juana Laínez pero fueron rechazados por solo 200 defensores, dejando el campo cubierto de cadáveres. Ningún punto menos apropiado como ese para un ataque exterior. Las consecuencias pudo haberlas previsto cualquiera.

Después de ese desastre, buscó inteligencias con el general Ferrera que no tuvieron resultado, porque éste peleaba por derrocar un gobierno de usurpación y no poder colocar un presidente.

Las fuerzas revolucionarias, sin una inteligencia perfecta, libraban combates todos los días, sin táctica ninguna, sin disposiciones estratégicas y hasta sin humanidad, porque emplearon un aeroplano para que estuviera bombardeando la ciudad con el intento de hostilizar al enemigo, pero perjudicando más la población civil.

Habiendo acudido de La Ceiba el general Vicente Tosta con su ejército, hizo cambiar la suerte de la guerra. El general Tosta, a los pocos días de su llegada, combinó un plan general de ataque y este empezó a desarrollarse a las ocho de la noche del 28 de abril ordenando el avance de sus fuerzas de ataque por Miramesí, mientras las del general Carías y Ferrera atacaban la ciudad por el sur y oriente para llamar la atención del enemigo atrincherado en las alturas. El General Tosta, vencedor en Cofradía y Chamelecón había descubierto, no por la fuerza de los acontecimientos, como en 1894, el punto vulnerable de la ciudad. A las diez de la noche las fuerzas del general Tosta habían tomado el edificio de la Policía y del Telégrafo y Tosta, descendiendo por las faldas del Berrinche, en su parte meridional, atravesando el río a pie llegó al cerrito de La Moncada.

A las siete de la mañana del 29, viendo los destacamentos situados en Sipile y Juana Laínez, que el enemigo se hallaba en la ciudad, abandonaron esas posiciones y a las diez la capital cayó en poder de la revolución. Las fuerza estacionadas en el Picacho, aisladas en aquella altura inútil, hicieron lo mismo, dirigiéndose hacia la frontera de Nicaragua.

Toda esa noche el doctor Bonilla había permanecido asomado a uno de los balcones de su casa, observando los movimientos de los combatientes, y veía a un soldado apostado al mismo poste de donde se había arrojado la bomba a su casa, hacer fuego regular y constante con un fusil calibre 11 hasta la hora primera del amanecer. Las explosiones retumbaban sordamente, sacudiendo las ventanas de las casas vecinas, claras y distintas, en el rumor infernal del nutrido combate. A veces el detonar incesante era un solo fragor.

Las fuerzas cariístas entraron a las once de la mañana y al pasar hicieron una descarga a la casa del doctor Bonilla, lanzando vociferaciones.

El General Ferrera, aunque había lanzado amenazas contra el doctor Bonilla en Toncontín, fue a verlo el 11. Con él llegaron muchos de sus oficiales y entre estos uno de sus verdugos de 1904. Al despedirse, haciendo lo que todos, éste le tendió la mano. El doctor Bonilla fingió no haberlo visto, dando media vuelta.

Presidente provisional fue designado el general Tosta, por pacto suscrito en Amapala el 3 de mayo, atendiendo a insinuaciones del representante personal del Presidente de los Estados Unidos de Norteamérica, Calvin Coolidge y de los delegados de las demás Repúblicas centroamericanas. Este tomó posesión de la Presidencia y organizó su Gabinete, entrando a formar parte de él, como ministro de la Guerra, el General Gregorio Ferrera, en disputa con el general Carías. Pero el general Ferrera no estuvo tranquilo en ese puesto, por la hostilidad manifiesta del cariísmo, que se había adueñado de una situación creada por los éxitos de jefes militares que no habían iniciado la revolución en favor de aquél.

Viendo el doctor Bonilla que su permanencia en Honduras era innecesaria y peligrosa para su persona, dispuso abandonar el país y así lo hizo el 28 de mayo siguiente, vía San Lorenzo, escogiendo como residencia temporal la ciudad de San Salvador.

TELEGRAMAS de relaciones exteriores de Estados Unidos

HONDURAS

ESFUERZOS DE ESTADOS UNIDOS Y LAS REPÚBLICAS DE CENTROAMÉRICA PARA RESTABLECER EL GOBIERNO CONSTITUCIONAL EN HONDURAS [1]

815.00/3077a: Telegrama

El secretario de estado al comisionado en la República Dominicana (Welles)

WASHINGTON, 8 de abril de 1924-6 p. m.

14. Debido a una revolución de tres puntos en Honduras, la situación allí es caótica y no parece haber esperanza de una solución en un futuro próximo. Los revolucionarios están sitiando Tegucigalpa y ha sido necesario enviar una fuerza de desembarco a proteger al ministro americano y la colonia americana. Ninguna facción parece capaz de dominar la situación y parece probable que se desarrolle una condición de anarquía.

En estas condiciones, el departamento considera necesario pedirle que se dirija de inmediato a Tegucigalpa para informar qué pasos deben tomarse para lograr una solución que evite más derramamiento de sangre y destrucción de propiedad. Guatemala, El Salvador y Nicaragua han hablado de ofrecer una mediación conjunta, pero sus esfuerzos en esta dirección hasta ahora han sido infructuosos debido a la falta de acuerdo entre ellos sobre el plan. El departamento ha expresado su simpatía por sus esfuerzos,

---

[1] **Continuación de Relaciones Exteriores, 1923, tomo II, págs. 424-449**

175

pero desea estar en condiciones de ofrecer asistencia, ya sea que estos esfuerzos resulten en la celebración de una conferencia o no. En consecuencia, desea que esté en Tegucigalpa o Amapala para asistir a una conferencia si eso debe llevarse a cabo, o posiblemente para ofrecer una mediación directa de los Estados Unidos. Se le enviarán más instrucciones por inalámbrico.

Se ordena a un destructor que se dirija inmediatamente a Santo Domingo desde Guantánamo para llevarlo a Honduras. Proceda lo antes posible después de su llegada.

HUGHES

HONDURAS

815.00/3077a: Telegrama

El secretario de estado al comisionado en República Dominicana (Welles)

WASHINGTON, 9 de abril de 1924-4 p. m.

1. Complementando el telegrama del departamento del 8 de abril a las 6 p. m., se envía lo siguiente para su información:

En las elecciones de octubre pasado en Honduras, ninguno de los tres candidatos, Carías, Arias y Bonilla, obtuvo la mayoría y el congreso tampoco logró elegir un presidente, debido a las maniobras obstructivas de las distintas facciones. Cuando expiró el mandato del presidente el 1 de febrero, López Gutiérrez estableció una dictadura como medida provisional. Este gobierno propuso que se hicieran cambios en el gabinete para hacer posible la celebración de nuevas elecciones libres y justas. López Gutiérrez estuvo de acuerdo con esto, pero no logró hacer cambios satisfactorios y Carías se negó a aceptar la propuesta del departamento y comenzó una revolución.

Por lo tanto, Estados Unidos anunció que no reconocía a ningún gobierno en Honduras y continuaría realizando los negocios necesarios de manera informal.

Recientemente los generales que controlan los diversos ejércitos revolucionarios, de los cuales los más importantes son Tosta, Ferrera y Carías, acordaron proclamar a Fausto Dávila como presidente provisional. Este grupo ahora controla toda la costa norte y la mayor parte de la república y ha estado sitiando Tegucigalpa durante cuatro semanas sin éxito. López Gutiérrez murió de enfermedad el 10 de marzo y el consejo de ministros, encabezado por Zúñiga Huete, lo sucedió en su autoridad en Tegucigalpa. Se informa que muy recientemente Dionisio Gutiérrez inició otro movimiento revolucionario en nombre de Bonilla en el sur de Honduras. El presidente declaró ilegal el envío de armas y municiones de guerra a Honduras mediante una proclamación de fecha 22 de marzo. [2]

Desde finales de febrero Guatemala, El Salvador y Nicaragua han estado haciendo esfuerzos para acordar un plan de mediación conjunta, pero estos esfuerzos aparentemente han fracasado por la imposibilidad de acordar un lugar para la realización de la conferencia. El departamento expresó su simpatía por el plan y, al ser invitado a enviar un representante, indicó que lo haría si lo invitaban los tres participantes. El departamento tiene pocas esperanzas de que los tres países puedan ponerse de acuerdo sobre cualquier plan de acción conjunta. El presidente de El Salvador ha declarado que ha abandonado el plan y Nicaragua ha pedido a Estados Unidos que tome medidas independientes.

Al ministro americano en Tegucigalpa se le está informado de su próxima llegada y está siendo instruido, a menos que él lo considere desaconsejable o poco práctico, a informar a los líderes de todas las facciones que se está enviando un representante de este gobierno con instrucciones especiales para ofrecer la amistad y apoyo de los Estados Unidos para encontrar una solución que lleve

---

[2] **POST, págs.. 322**

al establecimiento de la paz en Honduras, y para proponer un armisticio por diez días.

El departamento está tratando de arreglar el transporte por avión desde la costa norte de Honduras hasta Tegucigalpa. Si tales arreglos no se pueden hacer, se le informará por radio y el barco se desviará a Panamá.

HUGHES

815.00/3077a comp.: Telegrama

El secretario de estado al comisionado en República Dominicana (Welles)

WASHINGTON, 10 de abril de 1924-6 p. m.

2. Complementando del departamento 9 de abril, 4 p.m. departamento desea que usted debe proceder de inmediato a Tegucigalpa y determinar qué pasos pueden tomarse de la manera más provechosa para establecer la paz. Podrá ejercer sus amistosos oficios en nombre de este gobierno solo, si ese paso le parece conveniente para ahorrar tiempo y evitar otras dificultades.

El departamento ha recibido hoy el siguiente telegrama con fecha 9 de abril del ministro estadounidense en Guatemala:

"El presidente de Guatemala me dijo hoy que la mediación en Honduras es un deber, que Estados Unidos debe participar, que él prefiere la participación de todas las repúblicas fronterizas con Honduras pero que si alguna cree que el momento no es oportuno entonces Guatemala con gusto actuará en conjunto con los Estados Unidos. Repetido El Salvador y Nicaragua".

El departamento ha respondido de la siguiente manera:

"El departamento desea sinceramente ser de ayuda para

establecer la paz en Honduras, y el honorable Sumner Welles será enviado como representante especial del presidente para ofrecer oficios amistosos para este propósito. Usted puede informar al presidente Orellana de este hecho y decir que, si bien este gobierno ha recibido con mucha simpatía la sugerencia del presidente Orellana, preferiría posponer cualquier decisión sobre un curso de acción definido hasta que reciba un informe del Sr. Welles, quien llegará a Puerto Cortés el 12 de abril. Se instruye a Welles para que recomiende si es mejor, para evitar pérdidas de tiempo y otras dificultades, que este gobierno actúe solo en el ejercicio de sus amistosos oficios, o si es preferible que los países centroamericanos participen en una oferta conjunta de oficinas amistosas. Si se decide por lo último, se comunicará con el departamento, y el departamento, si concurre, le autorizará a extender al gobierno de Guatemala una invitación para actuar con los Estados Unidos".

Si usted lo estima preferible que los países centroamericanos participen en cualquier esfuerzo de oficios amistosos, lo comunicará inmediatamente al departamento, la cual instruirá a las legaciones de Managua, San Salvador y Guatemala, para que cooperen con usted y le extienden una invitación para acción conjunta con este gobierno. No parece necesario incluir a Costa Rica, que ha mostrado poco interés en propuestas de oficios amistosos. Sin embargo, el departamento teme que cualquier esfuerzo de acción conjunta con los países centroamericanos resulte en una pérdida de tiempo y posiblemente cree complicaciones debido al hecho de que se cree que Guatemala simpatiza con la facción de Arias y Nicaragua con la facción de Carías. Por otro lado, el departamento desea mostrar un cortés respeto por los gobiernos centroamericanos y particularmente por el gobierno de Guatemala que ha estado muy activo en tratar de encontrar los medios para superar las dificultades hondureñas.

Además, podría ser que sus esfuerzos sean más exitosos si fueran secundados por los vecinos centroamericanos de Honduras. Deja este asunto a su juicio.

Hay dos buques de guerra estadounidenses en el Golfo de Fonseca, uno de los cuales podría usarse con el fin de celebrar una conferencia en terreno neutral si se desea. Está autorizado a ofrecer uno de los buques de guerra para este propósito si lo considera conveniente.

El departamento debe dejar también a usted el carácter de la solución que se propone, pero desea que tenga presente la importancia de lograr el eventual establecimiento de un Gobierno en Honduras que pueda ser debidamente reconocido por los Estados Unidos. En declaración pública del 30 de junio de 1923[3], este gobierno declaró que su actitud con respecto al reconocimiento de nuevos gobiernos en Centroamérica estaría en consonancia con las disposiciones del Artículo II del Tratado general de paz y amistad firmado en Washington en 1923[4]. Dadas las circunstancias de Honduras, parecería que la solución más apropiada sería (1) la elección de un presidente constitucional por el congreso existente, si es posible, o (2) el establecimiento de un gobierno provisional de tal carácter como para dar garantías de que las nuevas elecciones podrían celebrarse en condiciones de libertad y equidad.

El departamento, sin embargo, no condicionará el reconocimiento por parte de este gobierno a ninguna solución particular siempre que la nueva administración pueda ser defendida como constitucionalmente establecida y representativa de la voluntad del pueblo. De hecho, estaría dispuesto a dar una indicación apropiada de su simpatía y apoyo moral a cualquier gobierno provisional que diera pruebas satisfactorias de su intención de restablecer el orden constitucional

Por favor mantenga al departamento completamente informado de todos los pasos tomados. El departamento desea que usted trabaje en estrecha cooperación con el ministro Morales, quien ha conducido satisfactoriamente los asuntos de la legación en condiciones extremadamente difíciles. El Sr. Morales ha sido informado que el departamento lo envía a usted a Honduras, no por

---

[3] Ver telegrama #. 26, 30 de junio de 1923, al ministro de Honduras, Relaciones Exteriores, 1923, vol. II, pág. 432.
[4] Conference on Central America Affairs, Washington, 4 de diciembre de 1922-7 de febrero de 1923 (Washington, Imprenta del Gobierno, 1923), pág. 287.

falta de confianza en él, sino porque parece necesario tener dos representantes debidamente calificados de este gobierno en el lugar, para que el mismo Sr. Morales pueda permanecer en Tegucigalpa para proteger vidas y propiedades estadounidenses allí, y porque el departamento se da cuenta de que su cumplimiento perfectamente adecuado con las instrucciones del departamento posiblemente ha creado enemistades hacia él personalmente que hacen más difícil cualquier esfuerzo de su parte para mediación.

El presidente lo ha designado a usted como su representante personal.

HUGHES

815.00/3089 : Telegrama

Representante personal del presidente en Honduras (Welles) para el secretario de Estado

A BORDO DEL U.S.S. "RICHMOND", 11 de abril de 1924-10 a. m.

[Recibido 9:15 p. m.]

Del departamento 9 de abril, 4 p.m. Me parece muy deseable que la acción de los Estados Unidos al sugerir una solución pacífica de la situación actual en Honduras se tome conjuntamente con todos los demás estados centroamericanos. Tal proceder no solo evitaría sospechas presentes y futuros malentendidos, sino que también estaría totalmente en consonancia con nuestra política como se manifestó en la conferencia centroamericana.

No tengo claro del cable del departamento en referencia si el gobierno de Costa Rica ha sido abordado en este asunto o por qué la iniciativa de sugerir la celebración de una conferencia para

181

considerar una acción conjunta no ha sido tomada por los estados unidos en vez de las tres repúblicas mencionadas.

A menos que el departamento tenga objeciones de las cuales no estoy informado para seguir tal curso, ruego sugerir la conveniencia de telegrafiar instrucciones urgentes a los ministros americanos en los otros cuatro países centroamericanos para que soliciten a los gobiernos ante los cuales están acreditados a enviar de inmediato representantes a Amapala para considerar los pasos que debían tomar conjuntamente por los Estados Unidos y los países centroamericanos para poner fin al actual estado de anarquía en Honduras.

Tal conferencia no solo estaría en armonía con los propósitos de la conferencia centroamericana sino también sería una demostración práctica de la intención del presidente de los Estados Unidos y de los estados centroamericanos de asegurar el mantenimiento de la paz y la salvaguardia del gobierno ordenado por métodos constitucionales en Centroamérica.

WELLES

815.00/3096: Telegrama

Representante personal del presidente en Honduras (Welles) para el secretario de Estado

TEGUCIGALPA, 14 de abril de 1924-4 p. m.
[Recibido el 15 de abril a las 6:41 a. m.]

3. Llegué a la estación de radio en las afueras de Tegucigalpa hace una hora.

El ministro americano me avisa por radio que no puede salir de la ciudad para recibirme hasta mañana "por falta de garantías suficientes". En consecuencia, no puedo tener una entrevista con los que controlan la dictadura hoy como pretendía.

En mi paso por las líneas revolucionarias tuve una larga conferencia con los generales Carías y Tosta, los dos únicos líderes revolucionarios que están ahora cerca de la capital. Les expliqué completamente el propósito de la misión. Platiqué con ellos en detalle las bases de un acuerdo que prevé el cese inmediato de las hostilidades y el gobierno del país hasta que se celebren nuevas elecciones y se instale un gobierno constitucional. Me quedé favorablemente impresionado con su actitud. Determiné abstenerse de proponer un armisticio hasta que se haya llegado a un acuerdo definitivo en principio entre las facciones contendientes, después de lo cual se puede proclamar que el armisticio continuará hasta el momento en que el acuerdo tome forma definitiva. En dos ocasiones anteriores, cuando se declaró un armisticio, la fuerza revolucionaria fue atacada y parece imprudente sugerir la utilización de uno excepto con la certeza de que se llegará a un acuerdo.

Procedí hasta aquí por tierra desde Puerto Cortés. La guerra civil ha dejado al país completamente desamparado. La costa norte y el interior y todas las comunicaciones están en control de la revolución. La situación dondequiera que pasé parecía tranquila. Las patrullas mantienen el orden y los voluntarios asumen el deber.

Ruego solicitar a la mayor brevedad respuesta a mi telegrama del 11 de abril a las 10 a.m., ya que mis negociaciones aquí estarán determinadas en gran parte por la decisión del departamento.

WELLES

815.60/3096 : Telegrama

El secretario de estado del representante personal del presidente en Honduras (Welles)

WASHINGTON, 15 de abril de 1924-3 p. m.

4. Su 14 de abril, 4 p.m. El departamento no respondió a su 11 de abril 10 a.m., porque asumió que usted había subsecuentemente recibido del departamento el 10 de abril, 6 p.m., y que comunicaría plenamente sus puntos de vista sobre la conveniencia de la

conferencia centroamericana después de su llegada a Tegucigalpa. Ante posibles dificultades asistiendo al esfuerzo de Centroamérica en la mediación, el departamento preferiría tener una expresión de sus puntos de vista considerados después de considerar la situación con líderes de todas las facciones y con el ministro americano. Si después de eso todavía siente que la acción conjunta de las repúblicas centroamericanas es aconsejable el departamento extenderá una invitación adecuada al recibir su recomendación. Sin embargo, desea que considere cuidadosamente las posibles objeciones a tales acciones como se establece en el del departamento 10 de abril, 6 p.m. El departamento no desearía perder una oportunidad razonable de lograr la terminación inmediata de las hostilidades esperando para convocar la conferencia centroamericana, lo que implicaría un retraso considerable y podría inyectar influencias partidistas en las deliberaciones.

HUGHES

815.00/3102: Telegrama

Representante personal del presidente en Honduras (Welles) para el secretario de Estado

TEGUCIGALPA, 16 de abril de 1924-5 p. m.
[Recibido el 17 de abril-8:54 p.m.]

5. Mi 14 de abril, 4 p. m. Ayer entré a Tegucigalpa con el ministro americano. Inmediatamente después se realizó una conferencia entre el ministro y yo y los ministros de la dictadura. Les propuse las bases de un arreglo que había sido previamente convenido por los jefes de la revolución y por mí. Estas bases comprendan:

1. La selección de un presidente provisional por parte de los líderes de ambas facciones con el entendimiento que el

184

ejecutivo así seleccionado debe ser elegido de una lista de personas aceptables a los líderes de la revolución. Los ciudadanos propuestos para este cargo por los líderes revolucionarios son en conjunto honestos y eficientes.

2. Libertad de elección de los miembros de su gabinete por el presidente provisional con la condición de que los cargos de fomento e instrucción pública sean ocupados por personas no identificadas con el partido revolucionario.

3. Cada ministro del gabinete tendrá el control completo de su departamento sujeto únicamente a las instrucciones del presidente.

4. El gobierno provisional acometerá la necesaria modificación de la ley de elección, la convocatoria de una asamblea constituyente para la reforma de la constitución y la celebración de nuevas elecciones a la presidencia y al congreso, tras lo cual el gobierno pasaría de inmediato al ejecutivo recién elegido.

5. Las bases restantes eran las que el ministro americano ya había logrado inducir a dos facciones a aceptar.

Los miembros del consejo de ministros demostraron, con la excepción de los ministros de guerra y finanzas, la mayor renuencia a celebrar cualquier acuerdo excepto uno que estableciera una completa igualdad de trato entre las dos facciones contendientes. Asimismo, se negaron a aceptar la sola mediación de los Estados Unidos, insistiendo en que cualquier acuerdo debe ser alcanzado en Amapala con la mediación adicional de los delegados de las repúblicas centroamericanas. En conclusión, se negaron a acceder a un acuerdo inmediato, pero insistieron en que las negociaciones deben realizarse en Amapala.

Después de una discusión muy larga, se formuló una sugerencia de compromiso que prevé la firma inmediata de un acuerdo preliminar que contiene aproximadamente las bases presentadas por los líderes de la revolución. Ambas partes enviarán posteriormente delegados a una conferencia en Amapala en la que representantes de los Estados Unidos y las repúblicas centroamericanas estarían presentes, donde podría efectuarse un acuerdo definitivo basado en el pacto preliminar.

Esta mañana, delegados del consejo de ministros nos acompañaron al ministro norteamericano y a mí a la estación de radio donde nos esperaban los jefes de la revolución. Entonces tuve una conferencia aparte con los jefes de la revolución para explicarles los cambios que se habían hecho en sus propuestas. En un principio, se mostraron totalmente reacios a considerar la propuesta de posponer la elección del presidente provisional hasta que pudiera celebrarse la conferencia de Amapala, con el argumento de que el objeto que perseguía la dictadura era la prolongación indefinida de las negociaciones, pendiente de las cuales esperaba que un movimiento de reacción se podría promover contra la revolución con la ayuda de los países vecinos, sobre lo cual la dictadura rompería las negociaciones y la revolución perdería todas las ventajas adquiridas durante los últimos meses. Por lo tanto, exigieron un acuerdo sobre el presidente provisional antes de la celebración de cualquier conferencia en Amapala como una señal de buena fe por parte de la dictadura.

10884-Vol.II-39—26

Cuando el departamento toma en consideración que con la toma de Choluteca ayer los jefes revolucionarios controlan toda la república excepto la capital, que ahora tienen todas las armas y municiones necesarias, así como todos los fondos necesarios para sitiar indefinidamente la capital, mientras que la dictadura tiene unos escasos setecientos u ochocientos efectivos en la capital y sin medios aparentes para pagarlos, la actitud de los jefes de la revolución parece conciliadora.

Les he inculcado el hecho de que no se pueden celebrar elecciones satisfactorias aquí bajo un gobierno provisional controlado por un solo partido. Fue por esta razón que acordaron permitir que el presidente provisional diera representación a todas las facciones de su gobierno.

Es intención del ministro y mía comunicar la decisión de los jefes revolucionarios al consejo de ministros esta noche e instar a su aceptación para evitar la inevitable toma de la capital con la consiguiente pérdida de vidas y destrucción de bienes.

Del departamento 15 de abril, 3 p.m. El cable del departamento del 10 de abril, 6 p.m. Recién lo recibí ayer y en tal estado que no se pudo descifrar. Se ha solicitado la repetición.

WELLES

815.00/3105 : Telegrama

Representante personal del presidente en Honduras (Welles) para el secretario de Estado

TEGUCIGALPA, 19 de abril de 1924-4 p. m.
[Recibido el 20 de abril-1:30 p.m.]

6. Mi 5, 16 de abril, 5 p.m. Después de repetidas conferencias entre el ministro estadounidense y yo y los miembros del consejo de ministros, ayer aceptaron definitivamente la siguiente solución:

"I. Conferencia inmediata a bordo del buque de Estados Unidos Milwaukee en Amapala con la asistencia de la representación especial del gobierno de los Estados Unidos, delegados de la revolución y del consejo de ministros, en cuyo curso se elegirá un presidente provisional y se firmará un pacto preliminar que contendrá todos los puntos ya acordados.

II. Suspensión de hostilidades inmediatamente después de la firma del pacto preliminar a que se refiere el artículo I.

III. Negociación en Amapala de un acuerdo final fundado en los puntos establecidos en el pacto preliminar con la mediación de los

187

delegados de los Estados Unidos y de todas las repúblicas centroamericanas".

Tan pronto como esta propuesta escrita fue firmada por el consejo de ministros, convoqué a una reunión a los jefes de la revolución, quienes habían manifestado la tarde anterior su disposición a aceptar la solución propuesta. A la reunión asistieron los generales Carías, Tosta y Martínez Funes. Todos indicaron su aprobación, pero se negaron a firmar la propuesta escrita hasta que se obtuviera el acuerdo del general Ferrera, el líder restante, ahora ausente en San Lorenzo. Hoy estoy seguro de que el General Ferrera está de acuerdo con la solución mencionada anteriormente, excepto que insiste en la selección del Dr. Fausto Dávila como presidente provisional y no aceptará la selección de un presidente provisional de la lista de nombres presentados por todos los delegados presentados inicialmente sugerida en la conferencia. He fijado la próxima reunión con los jefes de la revolución para mañana en la tarde cuando podrá asistir el general Ferrera. Le advertiré entonces, como ya he advertido a los otros tres jefes, que en opinión del gobierno de los Estados Unidos un gobierno provisional presidido por el jefe titular de uno de los partidos políticos, como es el Dr. Dávila, y totalmente controlado por uno de los partidos políticos, no puede garantizar la celebración de elecciones justas en las que los adherentes de todos los candidatos tengan los mismos derechos; que es por ello que he propuesto una lista de nombres determinada por los delegados de ambas fracciones y representantes de todos los partidos en el gabinete del presidente provisional.

En vista de la urgencia de la situación aquí, ha parecido mejor acelerar la suspensión de las hostilidades proponiendo la selección del presidente provisional y la firma de un pacto preliminar sobre un buque de guerra estadounidense en Amapala con la única mediación de los Estados Unidos. Sin embargo, he favorecido la mediación adicional de las repúblicas centroamericanas en la negociación del acuerdo final ya que en mi opinión la participación centroamericana en la solución del problema será de gran valor. Mediación centroamericana en la negociación del acuerdo final… adjuntará [sic] la crítica de que el próximo gobierno fue colocado en el poder por los Estados Unidos. Además, mientras yo [¿estoy?] informado [¿por?] el ministro que la mejor clase de hondureños aceptaron con gusto la entrada de los marinos americanos en la capital y lo creyeron justificable y necesario, tal como yo mismo entiendo que sea para garantizar [sic] por toda la información de que dispongo, la medida indudablemente ha causado amargas protestas entre ciertos elementos de la república que seguramente serán desprestigiadas posteriormente [sic] en toda América latina. Por esta razón, en particular, creo conveniente que nuestra responsabilidad en lograr un arreglo satisfactorio y equitativo de las actuales dificultades de esta república sea compartida por todos los países representados en la última conferencia centroamericana. Esta opinión es compartida por el ministro americano.

Informaré inmediatamente por cable al departamento si se obtiene la aprobación del general Ferrera al acuerdo propuesto, a fin de que el departamento haga extender las invitaciones necesarias a los gobiernos indicados arriba.

WELLES

815.00/3112 : Telegrama

Representante personal del presidente en Honduras (Welles) para
el secretario de Estado

TEGUCIGALPA, 21 de abril de 1924-6 p. m.
[Recibido el 23 de abril 7:06 a. m.]

9. Mi 7, 19 de abril, 4 p. m. El acuerdo firmado por el consejo de ministros y citado textualmente en mi cable bajo referencia fue hoy firmado también por los cuatro líderes de la revolución incluyendo al General Ferrera después de la

189

conferencia con el ministro estadounidense y conmigo mismo.

Procederé mañana por la mañana con los delegados, el consejo de ministros directo a Amapala. A la misma hora procederán los delegados de la revolución. Es mi esperanza que la conferencia inicial especificada en el primer artículo de la información ahora oficial [sic] los líderes de ambas facciones se llevarán a cabo sobre el U.S.S. Milwaukee en la mañana del 23 de abril.

El consejo de ministros ha nombrado como su delegado al Dr. Francisco Bueso, ministro de gobierno, y el general Roque López, ministro de guerra; los jefes de la revolución han nombrado como sus delegados al Dr. Salvador Aguirre y el Dr. Francisco López Padilla.

En vista del acuerdo alcanzado, ruego solicitar que se invite a todos los gobiernos centroamericanos a que envíen delegados con la mayor celeridad a asistir a la conferencia prevista en el artículo tercero del referido acuerdo a fin de que participen en esta mediación conjunta, el cual se espera traerá la solución definitiva y formal de los problemas que presenta el estado de anarquía que ahora existe en esta república.

El ministro americano recibirá instrucciones de [¿el departamento para mí?] en Tegucigalpa donde podré comunicarme con él con facilidad por radio. Repetido a todas las misiones en Centroamérica.

WELLES

815.00/3105 : Telegrama circular

El secretario de Estado al ministro en Guatemala (Geissler) [5]

---

[5] Lo mismo, mutatis mutandi, a los representantes en Costa Rica, Nicaragua y El Salvador.

[Paráfrasis]

WASHINGTON, 23 de abril de 1924-1 p.m.

Los cuatro jefes de la revolución y consejo de ministros han firmado un acuerdo en los siguientes términos: [6]

Informar al gobierno guatemalteco que el representante personal del presidente ha organizado una reunión a bordo del U.S.S. Milwaukee de los jefes de todas las facciones hondureñas. El objeto de esta reunión es llegar a un arreglo mediante el cual se suspendan las hostilidades y se realice una solución posterior de las dificultades actuales a través de una mediación conjunta. Se invitará a participar a los representantes de todos los demás países centroamericanos y de los Estados Unidos. Agregará que Estados Unidos se complace en participar en esta mediación conjunta y estará representado por Sumner Welles. Confía en que Guatemala designará también a uno o más representantes para que participen y espera que dichos representantes vengan a Amapala a la brevedad. El departamento espera que la conferencia pueda comenzar tan pronto como lleguen los representantes.

Utiliza todos los medios apropiados para inducir a Guatemala a participar y enviar delegados con la mayor prontitud.

HUGHES

───────────────

815.00/3114 : Telegrama

Representante personal del presidente en Honduras (Welles) para el secretario de Estado

TEGUCIGALPA, 23 de abril de 1924-7 p. m.
[Recibido el 24 de abril, 2:45 p.m.]

───────────────

[6] Para los puntos principales del acuerdo, véa el telegrama no. 7, 19 de abril, del representante personal del presidente en Honduras, pág. 308.

10. Mi 9, 2 de abril [21]. La conferencia inicial mencionada en mi telegrama cifrado bajo la referencia tuvo lugar con los delegados presentes a las 3 en punto de esta tarde sobre el U.S.S. Milwaukee. En el transcurso de la conferencia se acordaron por unanimidad todos los artículos del pacto preliminar. Cada facción presentó dos candidatos a la presidencia provisional. Los delegados de la revolución presentaron los nombres del Dr. Fausto Dávila y el general Vicente Tosta. La dictadura presentó los nombres del Dr. Alberto Ucles y el Dr. Federico Canalerz. Se determinó posponer la consideración de estos candidatos hasta mañana a las 10 en punto.

Ruego solicitar información a la mayor brevedad sobre las respuestas recibidas de los gobiernos de los demás estados centroamericanos en relación con la mediación conjunta propuesta en relación con la negociación de la convención final entre las dos facciones aquí presentes.

WELLES

815.00/3124 : Telegrama

El ministro en Costa Rica (Davis) al secretario de Estado

San José, 26 de abril de 1924-9 a. m.
[Recibido 3:47 p.m.]

25. Departamento 23 de abril, 1 p. m. recibido la noche del 24 de abril muy inentendible. Por favor repita por cable directo.

Presidente Acosta a favor de la participación de Costa Rica en la conferencia de Amapala. Debido a las condiciones políticas por la incertidumbre en relación con el cambio de administración el 1 de mayo, el presidente aparentemente está encontrando alguna dificultad en un representante. Sin embargo, espera anunciar la nominación pronto. Reiterado a los ministros centroamericanos.

DAVIS

815.00/3118 : Telegrama

El secretario de Eestado al representante personal del presidente en Honduras (Welles)

WASHINGTON, 26 de abril de 1924-11 a. m.

9. Los siguientes telegramas se repiten para su información:

Desde Guatemala

"En una conferencia que acabo de tener con el presidente de Guatemala, él aceptó la invitación del departamento y solicitó que se le informe la fecha en que probablemente se reunirá la conferencia de mediación. Geissler".

Desde Managua

"El presidente Martínez afirma que el gobierno de Nicaragua con gusto participará en la propuesta conferencia y ha designado al Dr. José Andrés Urtecho, ministro de relaciones exteriores, para representar a Nicaragua. El Dr. Urtecho sale mañana de Managua para Amapala donde debe llegar el 26 o 27 de abril. Ramer".

De San Salvador

"El presidente Quiñonez me informó hoy que pretende nombrar a Martínez Suárez, presidente de la Corte Suprema y exdelegado a reciente conferencia sobre asuntos centroamericanos en Washington, como delegado salvadoreño a la conferencia. Taylor".

Se envía a Guatemala la siguiente respuesta:

Por favor informar al presidente de Guatemala que los presidentes de Nicaragua y El Salvador han accedido a participar en la conferencia propuesta. El delegado de Nicaragua, Dr. José Andrés Urtecho, se espera en Amapala el 26 o 27 de abril. El delegado de El Salvador será el señor Martínez Suárez. En vista de la urgente necesidad de que la conferencia se reúna lo antes posible, exhortará al presidente de Guatemala a que envíe un delegado lo antes posible, a fin de que la conferencia se reúna tan pronto como los delegados, por lo menos del tres países que han aceptado, llegan a Amapala. Notará a este respecto la última parte del telegrama del departamento del 23 de abril a la 1 p.m.

Tu 24 de abril, 6 p.m.[7] El departamento considera conveniente que la conferencia se reúna en Amapala, porque los delegados de ambas facciones en Honduras pueden llegar más rápidamente que a Guatemala, y porque ha sido claramente evidente de negociaciones anteriores que sería difícil para los gobiernos de los demás países centroamericanos a aceptar celebrar la conferencia en la capital de uno de los otros países. El departamento no entiende que la conferencia se reunirá necesariamente en uno de los buques de guerra estadounidenses, pero este punto, junto con otras cuestiones involucradas, se deja a la discreción del Sr. Welles."

El siguiente telegrama ha sido enviado a San José:

"Los Gobiernos de Guatemala, Nicaragua y El Salvador han aceptado participar en la conferencia propuesta, y los dos últimos han designado delegados. Se espera que el delegado de Nicaragua esté en Amapala el 26 o 27 de abril. Ante la urgencia de lograr un acuerdo que detenga el derramamiento de sangre y ponga fin a la horrible condición que ahora vive Tegucigalpa, el departamento espera que la conferencia se reúna en una fecha muy temprana y que el Gobierno de Costa Rica pueda estar representado.

Si no hay un buque de vapor comercial disponible para el transporte del delegado costarricense el departamento se esforzará

---

[7] **No impreso**

194

por tener un buque de guerra americano llevar al delegado a Amapala. Por supuesto, no desea hacer esto a menos que sea necesario y, por lo tanto, no lo sugerirá si hay otro transporte disponible de inmediato. Dado que la llegada del delegado de Costa Rica puede retrasarse, puede parecer recomendable iniciar las discusiones tan pronto como lleguen los delegados de los otros tres países, pero se espera que se haga todo lo posible para acelerar la aceptación de Costa Rica y el nombramiento de un delegado".

El siguiente telegrama ha sido enviado a San Salvador:

"Informará usted al presidente de la satisfacción con que este gobierno ha sabido que El Salvador participará en la conferencia propuesta, y le exhortará discretamente sobre la conveniencia de que el delegado salvadoreño proceda a Amapala a la mayor brevedad posible".

HUGHES

Repite a Tegucigalpa.

815.00/3139 : Telegrama

Representante personal del presidente en Honduras (Welles) para el secretario de Estado

Amapala, 28 de abril de 1924-2 p. m.
[Recibido el 30 de abril, 1:40 p.m.]

14. A las 10 de esta mañana los delegados a la conferencia preliminar eligieron por unanimidad al general Vicente Tosta como presidente provisional y firmaron la convención preliminar de paz de la cual la siguiente es la traducción literal.

[Aquí sigue el texto del acuerdo preliminar. Para el texto final del Pacto de Amapala firmado el 3 de mayo, vea post, página 317.]

Mientras continuaba la sesión final de la conferencia las tropas de la revolución entraban a la Capital teniendo ahora, por consejos recibidos del ministro americano, control total. El triunfo de la revolución no afecta a mi juicio la validez del acuerdo alcanzado, firmado como está por los delegados plenamente autorizados de ambas facciones. Además, la ejecución de este acuerdo evitará prolongados contrapropuestas, pues la mayoría de las tropas de la dictadura se han fugado de la capital; evitará una ruptura entre Carías y Ferrera que de otro modo parece inminente; permitirá a las repúblicas vecinas a través de sus representantes en la conferencia final declarar su apoyo moral a este gobierno provisional; y lo más importante de todo asegurará al departamento que el gobierno provisional será uno al que se le pueda otorgar apoyo moral inmediato ya que estará presidido por el general Tosta quien no tiene antecedentes ni ambiciones políticas, quien se mantuvo fiel al último gobierno constitucional y sólo encabezó una revolución después de que fue instalada la dictadura, y que es un hombre con suficiente energía e integridad para mantener el orden y garantizar la celebración de elecciones libres. Igualmente importante es el hecho de que el gobierno provisional constituido de conformidad con este acuerdo será instalado por el voto de los delegados que representen a todos los partidos políticos de Honduras y que todos los partidos políticos estarán representados en el gabinete. Ruego solicitar la aprobación del departamento de las gestiones realizadas y de la política antes indicada. También solicito autorización inmediata para manifestar que un gobierno provisional encabezado por el general Tosta y constituido de conformidad con el acuerdo antes citado recibirá el apoyo moral del gobierno de los Estados Unidos.

Tengo la esperanza de que la primera sesión de la conferencia en pleno pueda tener lugar el 30 de abril.

WELLES

815.001 T 63/-: Telegrama

Representante personal del presidente en Honduras (Welles) para el secretario de Estado

TEGUCIGALPA, 30 de abril de 1924-9 a. m.
[Recibido el 1 de mayo-1:45 p.m.]

15. General Tosta tomará posesión hoy a las 10 horas como presidente provisional. Su elección y las disposiciones del pacto preliminar como firmado en Amapala el 28 de abril han sido definitivamente aceptados por todos los elementos. Un estado de paz se obtiene en toda la República.

WELLES

815.00/3139 : Telegrama

El secretario de Estado al representante personal del presidente en Honduras (Welles)

WASHINGTON, 1 de mayo de 1924-2 p. m.

12. Tu 14, 28 de abril, 2 p.m. El departamento aprueba las medidas tomadas por usted y la política indicada. Se le autoriza a manifestar que este Gobierno prestará su apoyo moral al gobierno provisional de general Tosta constituido de acuerdo con el acuerdo citado en su telegrama. El departamento aprovecha esta oportunidad para felicitarlo por lograr una solución satisfactoria de las dificultades hondureñas.

HUGHES

815.00/3148 : Telegrama

Representante personal del presidente en Honduras (Welles) para el secretario de Estado

AMAPALA, 1 de mayo de 1924-3 p. m.
[Recibido el 2 de mayo, 8:40 p. m.]

19. Mi número 18, 1 de mayo, 9 a. m. La primera sesión de la conferencia tuvo lugar esta mañana. La discusión se limitó a la consideración de los artículos del acuerdo preliminar entre las dos facciones en Honduras firmado en Amapala el 28 de abril. Es mi creencia que el arreglo formal y definitivo entre las dos partes se concluirá en la segunda sesión que tendrá lugar esta tarde. Todos los delegados centroamericanos están de acuerdo completo con las disposiciones contenidas en el acuerdo preliminar.

Yo tuve anoche una conferencia informal con los delegados centroamericanos. Sugerí que la conferencia se comprometiera a hacer dos declaraciones formales vinculantes para las naciones representadas: (1) que los gobiernos aquí representados declaran su total neutralidad e imparcialidad entre los diversos partidos políticos de Honduras y se obligan durante la vida del gobierno provisional a no favorecer a cualquier partido político o candidato en las próximas elecciones nacionales mediante el ejercicio de influencia o por cualquier otro medio; (2) que la conferencia declare que los gobiernos representados creen en la eficacia de los tratados y convenciones suscritos como resultado de la última conferencia centroamericana como medios para preservar la paz, favorecer el gobierno por métodos constitucionales y ordenados y conducentes al desarrollo de prosperidad general en América Central. Que esta declaración contenga asimismo la expresión de la esperanza de que los gobiernos signatarios lleven a cabo la pronta ratificación de estos instrumentos.

El delegado de Nicaragua propuso la negociación de una

convención que prevea el nombramiento de una comisión permanente de mediación en la que participen todas las naciones aquí representadas a través de delegaciones para prever la mediación conjunta en todos los casos similares a la recientemente existente en Honduras. Es mi opinión que la negociación de tal convención podría ser ventajoso aplazada hasta el próximo gobierno. Ruego solicitar las instrucciones del departamento sobre este punto.

WELLES

815.00/3152 : Telegrama

Representante personal del presidente en Honduras (Welles) para el secretario de Estado

AMAPALA, 2 de mayo de 1924-3 p. m.
[Recibido el 5 de mayo, 5:42 a. m.]

20. La forma final de acuerdo definitivo equitativo entre las dos facciones en Honduras fue aprobada formalmente por todos los delegados en la sesión de la conferencia de esta mañana. El acuerdo definitivo sigue de cerca la forma del pacto preliminar, siendo los únicos cambios de importancia la adopción de mis sugerencias que prevén la sustitución del presidente provisional en caso de muerte o renuncia y una redacción más definida del artículo III del pacto preliminar incorporándose la previsión de que en caso de cese de algún ministro del gabinete, éste deberá ser sustituido por un miembro del mismo grupo político. El acuerdo definitivo se firmará mañana en Amapala y no sobre el Milwaukee.

WELLES

815.00/3191
El Pacto de Amapala, firmado el 3 de mayo de 1924 [8]

[Traducción[9]]

En la ciudad de Amapala, República de Honduras, a las once de la mañana del tres de mayo de mil novecientos veinticuatro. Tomando en consideración las propuestas de los honorables señores Sumner Welles, representante personal del excelentísimo señor presidente de los Estados Unidos de América, abogado Mariano Cruz, delegado por la República de Guatemala, Dr. Francisco Martínez Suárez, delegado por la República de El Salvador, ingeniero J. Andrés Urtecho, delegado por la República de Nicaragua, y el licenciado Pedro Pérez Zeledón, delegado por la República de Costa Rica, cuyos poderes fueron examinados y hallados en debida forma, con el fin de restablecer y consolidar permanentemente la paz en de la República de Honduras, a los suscritos delegados del consejo de ministros, Sres. abogados Alberto Rodríguez y Roque J. López, de los jefes de la revolución, Sres. abogados Salvador Aguirre y Francisco López Padilla, con plenos poderes y previa deliberación, han acordado celebrar el siguiente pacto definitivo.

Art. 1. Se declara al general Vicente Tosta C. elegido presidente provisional de la República. El presidente provisional tomará posesión de su cargo inmediatamente y continuará en el ejercicio de sus funciones hasta la fecha que fije la asamblea nacional

---

[8] **Copia remitida al departamento por el ministro en Honduras como anexo a su despacho número 609, 30 de mayo de 1924, recibido el 20 de junio de 1924.**
[9] **Traducción del archivo revisada después de la comparación con la copia autorizada del texto original en español proporcionada por el gobierno de Honduras y transmitida al departamento por el ministro en Honduras como anexo a su despacho no. 108, 30 de noviembre de 1937 (expediente número 026 Relaciones Exteriores/1286).**

constituyente para la toma de posesión del presidente constitucional elegido. La persona que ejerza la presidencia provisional en ningún caso podrá ser candidato a la presidencia constitucional de la república para el próximo período.

Art. 2. En caso de ausencia absoluta o temporal del presidente provisional, el consejo de ministros ejercerá el poder ejecutivo hasta que se reúna la asamblea nacional constituyente. Las decisiones del consejo se tomarán por mayoría de votos.

Art. 3. El presidente provisional está obligado a convocar a elecciones para asamblea nacional constituyente 30 días después de haber tomado posesión de la presidencia. El decreto de convocatoria para la elección de diputados a la constituyente fijará un plazo no mayor de 30 días, en que habrán de celebrarse, y la asamblea constituyente se reunirá treinta días después de la elección.

Art. 4. Los ministros del gabinete del gobierno provisional serán elegidos libremente por el presidente provisional. Cada ministro tendrá bajo su control el nombramiento de los empleados del departamento correspondiente, sujeto únicamente a la aprobación del presidente provisional. En la designación de los miembros del gabinete y en los nombramientos que se hagan en cada departamento de la administración pública, se otorgará justa representación a todos los partidos políticos de la república, teniendo siempre por objeto la integridad y aptitud de las personas que hayan de ser nombradas como base esencial. En caso de renuncia de un miembro del gabinete del gobierno provisional, el presidente provisional deberá cubrir la vacante con una persona que pertenezca al mismo partido político al que pertenecía su antecesor.

Art. 5. El presidente provisional queda facultado para nombrar a los magistrados de la Corte Suprema de Justicia. La duración del cargo de los magistrados designados por el presidente provisional será por el tiempo que éste ejerza sus funciones, momento en el cual cesarán igualmente en sus funciones los funcionarios designados en el tribunal provisional.

Art. 6. El presidente provisional y demás funcionarios de la administración pública, así como el poder judicial, ejercerán sus funciones de conformidad con las leyes vigentes en la república.

Art. 7. La elección del presidente constitucional será en todo caso efectuada por voto popular. El presidente provisional garantizará a todos los ciudadanos, sin distinción de filiación política, la más absoluta libertad en las elecciones populares del presidente constitucional de la república para el próximo período, las cuales se realizarán de conformidad con la nueva constitución que se expida.

Art. 8. El presidente provisional, tan pronto como tome posesión de la presidencia de la república, dictará decreto de amnistía por todos los delitos políticos y militares cometidos hasta la fecha.

Art. 9. El gobierno provisional acepta la responsabilidad por los actos de la revolución, de la dictadura y del consejo de ministros, siempre que no sean lesivos de los intereses vitales del país, cuyo carácter será declarado por la asamblea legislativa correspondiente.

Art. 10. El presidente provisional organizará comisiones departamentales para conocer de pérdidas, a fin de que los perjudicados por la revolución hagan las debidas reclamaciones de conformidad con la ley correspondiente.

Art. 11. El presidente provisional garantizará efectivamente la seguridad personal y los bienes de los jefes militares, oficiales y tropas que quedaron al servicio de la dictadura y del consejo de ministros, así como de los de la revolución.

Art. 12. Inmediatamente después de que el presidente provisional entre en ejercicio de sus funciones, asumirá el mando de los ejércitos de la dictadura y de la revolución. El presidente determinará asimismo la forma en que habrá de disolverse el ejército, trámite que deberá efectuarse en el más breve plazo posible. Las fuerzas militares de ambas partes que queden en Tegucigalpa o en otros lugares, continuarán bajo el mando de sus respectivos jefes hasta su completa disolución.

Art. 13. El presente acuerdo definitivo será firmado por el honorable representante personal del excelentísimo señor presidente de los Estados Unidos y por todos los honorables delegados de las repúblicas centroamericanas, cuyas firmas serán consideradas por ambas partes como garantía moral de su cumplimiento.

ALBERTO A. RODRÍGUEZ   SALVADOR AGUERRA

R. J. LÓPEZ   F. LÓPEZ PADILLA

Presenciado por:
SUMNER WELLES

MARIANO CRUZ   N. MARTÍNEZ SUAREZ

J. A. URTECHO   P. PÉREZ ZELEDÓN

815.00/3151 : Telegrama

Representante personal del presidente en Honduras (Welles) para el secretario de Estado

AMAPALA, 3 de mayo de 1924 - 2 p. m.

[Recibido del 5 de mayo, 9:42 a. m.]

22. La sesión final tuvo lugar esta mañana en Amapala. La convención formal en la forma indicada en mi número 20 del 2 de mayo a las 3 de la tarde, fue firmada por los representantes de ambas facciones políticas en Honduras y firmada como testigos por todos los delegados de las demás naciones representadas.

Además, los delegados de Guatemala, de El Salvador, de Nicaragua y de Costa Rica firmaron una declaración formal de la cual lo siguiente es traducción literal:

"Antes de concluir su tarea, los delegados de la unión centroamericana presentes en esta conferencia, por unanimidad de votos, han resuelto expresar a través de su digno paladín, el honorable Sumner Welles, a su excelencia el presidente de los Estados Unidos su más sincero agradecimiento por la pronta y generosa ayuda que prestó desde que su invaluable mediación fue aceptada por ambas partes contendientes en la república de Honduras para restablecer completamente la paz y tranquilidad pública y en el establecimiento de una base que permita la reorganización de un gobierno constitucional estable para ser colocado en el poder por el voto libre del pueblo de Honduras.

Es grato deber para los delegados al mismo tiempo dejar constancia en esta declaración final de la expresión de su agradecimiento al representante personal del presidente de los Estados Unidos, presidente de esta conferencia, por el perfecto tacto, entera rectitud e imparcialidad y amplitud de vista que ha aportado en el buen desempeño de esta difícil tarea.

Al mismo tiempo la conferencia desea felicitar a los delegados de las partes anteriormente en guerra en Honduras por su actitud patriótica que ha ayudado grandemente al logro de los nobles propósitos de la conferencia. Y como en el logro de estos propósitos no ha sido posible emplear los medios previstos en los acuerdos de cortesía internacional que ahora esperan la ratificación de algunos de los poderes signatarios que tanto habrían ayudado a la realización de esta tarea resuelta, resolvió que:

Se acuerda un voto unánime de recomendación, dirigida a dichos gobiernos para que consideren de inmediato los tratados y convenios referidos, a fin de que, de presentarse en el futuro una emergencia parecida a la recientemente acaecida en Honduras, las medidas necesarias para el restablecimiento inmediato del gobierno constitucional pueden tomarse más fácil y rápidamente".

Los delegados de los estados centroamericanos dirigieron igualmente un telegrama al presidente provisional declarando la intención de los gobiernos que representan de prestar su apoyo moral, simultáneamente con el de los Estados Unidos, a un gobierno provisional de Honduras constituido en estricto apego a los términos del acuerdo firmado hoy.

Con la finalización de la sesión de hoy de la conferencia considero mi misión aquí concluida. Por lo tanto, tengo la intención de partir mañana en la Milwaukee para Santo Domingo vía Panamá. Me han informado de fuentes fidedignas que el presidente provisional hará los cambios necesarios en su gabinete en el curso de la próxima semana, y el ministro americano, que parte inmediatamente a la capital, insistirá debidamente en ello después de su regreso a Tegucigalpa.

Deseo aprovechar esta oportunidad de asesorar al departamento mi agradecimiento por la cooperación eficaz y sincera que me brindó el ministro estadounidense a lo largo de mi misión en esta república.

WELLES

815.00/3155

El ministro en Honduras (Morales) al secretario de Estado

TEGUCIGALPA, 5 de mayo de 1924-2 p. m.
[Recibido el 9 de mayo, 1:33 a. m.]

98. El 2 de mayo el presidente provisional de conformidad con el pacto de paz de Amapala emitió un decreto convocando a una asamblea nacional constituyente a reunirse en Tegucigalpa para promulgar la ley orgánica y fundamental de la república. La fecha de la reunión y el número de representantes se determinará en un decreto posterior. En espera del inicio del nuevo régimen constitucional, el presidente provisional asumirá todos los poderes del estado y los tribunales actuarán de conformidad con las leyes del país, pero de acuerdo con los requisitos de las normas de orden público.

MORALES

815.00/3160

El ministro en Honduras (Morales) al secretario de

Estado

TEGUCIGALPA, 9 de mayo de 1924-5 p.m.
[Recibido 9:37 p. m.]

103. El decreto que declara la amnistía general fue promulgado esta tarde.

MORALES

PROCLAMACIÓN DEL PRESIDENTE COOLIDGE PROHIBIENDO LA EXPORTACIÓN DE ARMAS Y MUNICIONES DE GUERRA DE ESTADOS UNIDOS A HONDURAS

815.113/50

El secretario de Estado del presidente Coolidge

WASHINGTON, 22 de marzo de 1924.

MI QUERIDO PRESIDENTE: El departamento acaba de recibir un telegrama de Stauffer, Eshelman and Company, Limited, de Nueva Orleans, informando que un representante de las fuerzas revolucionarias en Honduras les ha hecho un pedido por valor de veintiséis mil dólares en rifles y municiones. La compañía preguntó si podía hacer la entrega de estos rifles y municiones al representante de las fuerzas revolucionarias en el puerto de Nueva Orleans, o si podía hacer el envío directamente a Honduras. Es imposible detener el envío de tales armas a Honduras a menos que se emita una proclamación que prohíba la exportación de armas y municiones de guerra. Una resolución conjunta del congreso aprobada el 31 de enero de 1922, autoriza al presidente a hacer tal proclamación y esto se hizo en el caso de México el 7 de enero del presente año. [10]

En vista de las actuales condiciones caóticas que existen en Honduras, siento que dicha proclamación debe emitirse de inmediato y la adjunto a la presente para su firma[11] en caso de que se reúna con su aprobación.

Fielmente suyo,

CHARLES E. HUGHES

815.113/52

Proclamación No. 1689, 22 de marzo de 1924, prohibiendo la exportación de armas y municiones de guerra a Honduras

POR EL PRESIDENTE DE LOS ESTADOS UNIDOS DE AMÉRICA

UNA PROCLAMACIÓN

MIENTRAS, la Sección I de una resolución conjunta del congreso, titulada "Resolución conjunta para prohibir la exportación de armas o municiones de guerra de los estados unidos a ciertos países, y para otros fines", aprobada el 31 de enero de 1922, dispone lo siguiente:

"Que siempre que el presidente encuentre que en cualquier país americano, o en cualquier país en el que Estados Unidos ejerza jurisdicción extraterritorial, existen condiciones de violencia doméstica, que son o pueden ser promovidas por el uso de armas o municiones de guerra adquiridas de los Estados Unidos, y lo proclama, será ilegal exportar, excepto bajo las limitaciones y excepciones que establezca el presidente, cualquier arma o munición de guerra desde cualquier lugar de los Estados Unidos a dicho país hasta que el presidente o el congreso ordene lo contrario".

Y considerando que, en la Sección II de dicha resolución

---

[10] Post, pág. 428
[11] Ver texto firmado, *infra.*

207

conjunta se dispone que "Quien exporte cualquier arma o munición de guerra en violación de la fracción I será sancionado con multa que no exceda de $10,000, o con pena de prisión que no exceda de dos años, o ambas".

Ahora, por lo tanto, yo, Calvin Coolidge, presidente de los Estados Unidos de América, actuando bajo y en virtud de la autoridad que me confiere dicha resolución conjunta del congreso, por la presente declaro y proclamo que he encontrado que existen en Honduras tales condiciones de violencia doméstica que son o pueden ser promovidas por el uso de armas o municiones de guerra adquiridas de los Estados Unidos según lo contemplado en dicha resolución conjunta; y por la presente exhorto a todos los ciudadanos de los Estados Unidos y a toda persona a que se abstengan de toda violación de las disposiciones de la resolución conjunta antes expuesta, por la presente hecha aplicable a Honduras, y les advierto que todas las violaciones de tales disposiciones serán rigurosamente procesados.

Y por la presente exhorto a todos los funcionarios de los Estados Unidos, encargados de la ejecución de sus leyes, la máxima diligencia en la prevención de violaciones de dicha resolución conjunta y esta mi proclamación emitida en virtud de la misma, y en el enjuiciamiento y castigo de los infractores contra lo mismo.

EN FE DE ESTO, por la presente he puesto mi mano y he hecho que se coloque el sello de los Estados Unidos.

HECHO en la ciudad de Washington este día veintidós de marzo del año de nuestro

señor de mil novecientos veinticuatro y de la independencia

[SELLO] de los Estados Unidos de América el ciento cuarenta y ocho.

CALVIN COOLIDGE

Por el presidente:

CHARLES E. HUGHES

Secretario de estado.

815.113/68ª

El secretario de estado al presidente Coolidge

WASHINGTON, 14 de mayo de 1924.

ESTIMADO SR. PRESIDENTE: El 22 de marzo de 1924 usted emitió una proclamación que prohibía la exportación de armas o municiones de guerra a Honduras, de conformidad con las disposiciones de una resolución conjunta del congreso aprobada el 31 de enero de 1922. Como esta proclamación no disponía que se permitiera el envío de armas para fines comerciales, o para otros envíos que convendría dejar proceder, deseo sugerir que se emita una proclamación suplementaria prescribiendo como excepción a las disposiciones de la resolución conjunta antes mencionada, aquellas armas y municiones de guerra que puedan de vez en cuando ser exportados con el consentimiento de este departamento. Adjunto al presente un borrador de dicha proclamación para su aprobación. [12]

Una Proclama de esta naturaleza permitirá otorgar licencias para el envío de armas y municiones con fines comerciales e industriales y también, si lo considera conveniente, permitir envíos de armas al gobierno provisional que se ha establecido recientemente para ayudar a las nuevas autoridades para mantener el orden.

Yo soy [etc.]

CHARLES E. HUGHES

815.113/77

Proclamación No. 1697, 15 de mayo de 1924, Prescripción como excepción a las disposiciones de la proclamación del 22 de marzo de 1924, armas y

---

[12] Ver texto firmado, infra. 10844-Vol. II-39--27

municiones exportadas con consentimiento del secretario de Estado

POR EL PRESIDENTE DE LOS ESTADOS UNIDOS DE AMÉRICA

UNA PROCLAMACIÓN

MIENTRAS, por proclamación del presidente emitida el 22 de marzo de 1924, mediante resolución conjunta del congreso aprobada por el presidente el 31 de enero de 1922, se declaró que existían en Honduras condiciones de violencia doméstica que eran o podían ser promovidas por el uso de las armas o municiones de guerra adquiridas de los Estados Unidos; y

Considerando que, por la resolución conjunta antes mencionada, se convirtió en ilegal exportar armas o municiones de guerra a Honduras, excepto bajo las limitaciones y excepciones que el presidente establezca.

Por lo tanto, yo, Calvin Coolidge, presidente de los Estados Unidos de América, prescribo por lo presente como tal excepción y limitación, tales armas y municiones pueden exportarse de vez en cuando con el consentimiento del secretario de estado.

EN FE DE ESTO, por la presente he puesto mi mano y he hecho que se coloque el sello de los Estados Unidos.

HECHO en la ciudad de Washington este 15 de mayo en el año de nuestro Señor
mil novecientos veinticuatro y de la Independencia de los
[SELLO] Estados Unidos de América ciento cuarenta y ocho.

CALVIN COOLIDGE

Por el presidente:
JOSEPH C. GREW   Secretario de Estado interino.

Oficiales del gobierno de Rafael López Gutiérrez.

Mercenarios que bombardearon Tegucigalpa.

APUNTAMIENTOS SOBRE LA GUERRA CIVIL EN HONDURAS

por Aro Sanso

Deseamos que el pueblo y Gobierno americanos conozcan la verdad de lo que pasa en Honduras, país azotado por la guerra civil desde hace un año y medio. Y causa extrañeza porque nos ocupamos de preferencia de Honduras, diremos que es porque consideramos a nuestro Gobierno con bastante responsabilidad por lo que ocurre en aquel infortunado país, como lo vamos a demostrar en este escrito.

De preferencia vamos a mostrar la acción del Departamento de Estado en el mantenimiento de la actual situación en Honduras, desde que tomó la Presidencia el doctor Paz Baraona, aunque de paso nos referiremos a la que ha tenido en la política hondureña por medio de su ministro en Tegucigalpa, al relatar los antecedentes en épocas anteriores. Los hechos a que hayamos de referirnos han llegado a nuestro conocimiento por medio de la prensa hondureña, que usaban libremente los distintos bandos políticos antes del 1° de febrero de 1924. De aquella fecha para acá sólo ha habido la prensa oficial o adicta al partido dominante. También hemos estudiado la prensa de las otras Repúblicas de Centroamérica, ya haya sido la asalariada por el Gobierno de Honduras, o la adicta a la oposición. Aun de esa prensa parcial hemos sacado y sacamos hoy la verdad, comprobando nuestro criterio con la relación que han hecho y hacen de los sucesos personas que vienen de Honduras constantemente, pertenecientes a contrarios bandos, pero que se conforman más o menos en los hechos más importantes.

En 1923 se entabló la lucha electoral por la Presidencia de la República con cuatro candidaturas: la del general Tiburcio Carías y las de los doctores Juan Ángel Arias, Policarpo Bonilla y Vicente Mejía Colindres. La primera conservadora y las otras liberales. La multiplicidad de candidatos hizo comprender que había un gran peligro de trastorno de la paz pública, y por eso el ministro americano trabajó en el ánimo de los candidatos para que tuviesen una conferencia con el fin de llegar a armonizarse. Aceptaron y estuvo presente el Presidente de la República, general López Gutiérrez; tres de los candidatos mostraron su anuencia a escoger uno nuevo; pero el señor Carías declaró que no podía renunciar a su candidatura, porque el pueblo lo aclamaba y no podía oponerse a la voluntad del pueblo. Ante esa declaración no se podía seguir

217

discutiendo, porque si lo que creía el señor Carías era la verdad, sólo podría saberse al llegar a los comicios.

Algunas semanas después el ministro americano insistió en otra conferencia, creyendo haber logrado que el señor Carías cambiase de opinión; pero verificada bajo la Presidencia del señor ministro de relaciones Exteriores, el general Carías repitió su declaración y todo avenimiento se hizo imposible. Ese mismo día retiró su candidatura el doctor Mejía Colindres.

Verificada la elección primaria, no hubo mayoría a favor de ninguno de los tres candidatos, por lo que quedaba al Congreso la facultad de elegir entre ellos el Presidente de la República, y a la vez el Vicepresidente, pues tampoco hubo mayoría absoluta requerida por la Constitución para ambos puestos. Mas era de prever que tampoco en el Congreso habría la mayoría requerida, por estar las tres agrupaciones representadas de manera que ninguna la tenía, y lamentaba por ello el peligro de que se alterase la paz, por falta de elección de sucesor para que al fin de su periodo le entregase el poder el actual Presidente. Comprendiéndolo así el ministro americano, provocó una nueva conferencia en la Legación en la segunda semana de enero, a la que concurrieron los tres candidatos; y convencido de la imposibilidad de avenimiento sobre elección de Presidente y Vicepresidente, el doctor Bonilla propuso que se conviniese en la elección de los tres designados, repitiendo su declaración de que en este caso, como lo había dicho en más de una ocasión respecto a la de aquellos funcionarios, si los otros dos candidatos se ponían de acuerdo, de antemano aceptaba lo que resolviesen, y sabía que ese era el criterio y propósito de los diputados de su agrupación. El señor Carías aplazó su resolución, y el señor Arias declaró que se opondría en absoluto a la elección de designados.

El 15 de enero la Directiva del Congreso propuso la elección de designados, cumpliendo lo dispuesto en el reglamento, pero fue rechazada por las fracciones de Arias y Carias.

En la Conferencia de la Legación, Arias propuso que se firmase un compromiso de las tres agrupaciones de que en ningún caso se rompería el quórum en el Congreso y que por ningún motivo se recurriría a las armas para la resolución del problema. Bonilla aceptó desde luego la proposición, por estar conforme con solemnes declaraciones que había hecho en la prensa y anteriores conferencias, de que en ningún caso ni por ningún motivo promovería revolución, y que los diputados de su grupo se habían comprometido entre a mantenerse en su asiento en cual quiera circunstancia. Carías dijo que no podía contraer tal compromiso sin consultar a sus amigos, y Arias aclaró al fin que su proposición no comprendía el caso en que se tratase de elegir de signados. Y la conferencia no dio fruto alguno.

En fines del mes el general Carías y el doctor Bonilla llegaron a convenir en la elección de determinadas personas para de signados, convenio ratificado por los dos candidatos y por los diputados de sus respectivas agrupaciones; pero no tuvo efecto, porque se interpuso el doctor Arias, quien propuso a Carías algo que le pareció mejor, la elección del doctor Paz Baraona (el actual Presidente de la República), como Vicepresidente, candidato que había sido del partido cariísta, para que ejerciese el poder a virtud de renuncia que haría de la Presidencia el general Carias, quien, sería también electo, al tomar posesión de su cargo. Este convenio fue celebrado en conferencia verificada en la Legación Americana, a la cual no fue invitado el doctor Bonilla; pero quedó sin efecto, porque al día siguiente el doctor Arias, conformándose con el parecer de los diputados de su partido, modificó el convenio en el sentido de ser él el electo y quien había de renunciar, Carías declaró roto el pacto.

El ministro americano entonces excitó al doctor Bonilla para que volviese a conferenciar con Carías y llegasen a reanudar el pacto sobre designado. Carías aceptó, pero aplazando la conferencia para el día siguiente, aunque ya tenía resuelto salir esa noche, como lo hizo, levantado en armas contra el Gobierno todavía constitucional de López Gutiérrez y causando la disolución del Congreso, como se vio al día siguiente, 31 de enero.

El 31 el doctor Arias provocó una conferencia en la casa presidencial, a la que concurrió el doctor Paz Baraona, quien había sido llamado para recibir la Presidencia, el mismo señor Arias, el doctor Bonilla, el Presidente de la república y su Gabinete y el

Cuerpo Diplomático. Arias pronunció un discurso encomiástico en favor de Paz Baraona, declarando que quería reanudar el convenio roto por Carías por la causa antes expresada, para que fuese electo el señor Paz. Este declaró estar dispuesto a aceptar y que si se le entregaba el poder haría un gobierno nacional. Bonilla dijo que no hacía objeción alguna a los elogios tributados al señor Paz por el doctor Arias; pero que sus amigos no votarían por él, porque dada la intransigencia y ensañamiento del partido en que militaba, creía que no podría cumplir sus sanos propósitos; si bien los diputados de su grupo se mantendrían en su puestos, a fin de que no se rompiera el quórum, si se llegaba a obtener. Por incidentes que no es del caso referir y que hemos visto publicados, nada quedó convenido en dicha conferencia y tampoco habría podido realizarse, porque ningún diputado del bando de Carías concurrió a la sesión, no hubo quórum y el Congreso quedó disuelto aquel mismo día.

El día 1° de febrero el Presidente invitó al doctor Bonilla a una conferencia provocada por el ministro americano, a quien ya encontró allí, lo mismo que al doctor Paz Baraona, quien fue sustituido por don Luis Bográn, actual ministro en Washington, don Miguel Carías A., actual ministro en México, y don Ramón Alcerro Castro, actual miembro del Gabinete del señor Paz Baraona. Se trataba de que el Presidente cumpliese una de las condiciones indicadas por el Departamento de Estado para continuar las relaciones oficiales con el Gobierno de hecho que el señor López Gutiérrez pudiese continuar ejerciendo en caso de no haber elección de sucesor. Una de esas condiciones era la de que organizase un nuevo Gabinete, consultando para ello con los candidatos; pero como Carías estaba ausente, no podía ser consultado, y ninguno de los amigos de él se creyó autorizado para representarlo. Entonces propuso el ministro americano el envío de una comisión para pedir a Carías su consentimiento para concurrir a la organización del Gabinete, nombrando al efecto quien lo representase. Los señores indicados accedieron con varias condiciones, entre otras, la de que no se removería de su puesto al entonces comandante de armas, general Julio Peralta, porque de él no tenían ninguna queja y se sentían completamente garantizados. (El general Peralta es el mismo que más tarde mandó a asesinar en Nicaragua el mismo bando que entonces se había colocado bajo su protección.) Prometido eso y lo demás que pidieron por el señor Presidente, se disolvió la reunión.

La comisión no podía dar resultado favorable, porque fue notorio que llevaba instrucciones de aconsejar a Carías que no aceptase la proposición, pues si la aceptaba no podría continuar la guerra. Sabido por el ministro americano, insinuó al señor López Gutiérrez que organizase un Gabinete con personas honorables que mereciesen la confianza pública y al cual él pudiese recomendar. Después de muchas vacilaciones, organizó el Gabi- nete que tenía el propósito de procurar inmediatamente la paz, pero ese gabinete prácticamente no funciono, porque Arias, que era quien de hecho tenía ya el poder, amenazó con levantarse en armas si no se cambiaba, y al renunciar, el Presidente admitió la renuncia, nombrando en su lugar exclusivamente miembros del partido arista, y se hizo inevitable la continuación de la guerra.

Carías operó en oriente, donde pronto fue derrotado y obligado a refugiarse en Nicaragua. Los generales Gregorio Ferrera y Vicente Tosta se levantaron en La Esperanza, convenidos en no proclamar candidato determinado, pero con la bandera tricolor del Partido Liberal Constitucional, aunque sin ningún concierto con el doctor Bonilla, candidato que fue de dicho partido. Fueron secundados unánimemente por los indígenas del departamento de Intibucá, tanto por su cariño a Ferrera como porque éste había estado enrolado como ellos en el mismo partido. En Gracias, al ver izada por la revolución la bandera tricolor, la considerable fuerza que tenía reunida el comandante rehusó combatir y se disolvió, presentándose en seguida con sus armas al general Ferrera. Ocuparon sin resistencia los departamentos de Copán, Ocotepeque y Santa Bárbara. Se dividieron las fuerzas, yendo Tosta a San Pedro Sula y Ferrera hacia Tegucigalpa. Este, después de triunfar en Comayagua y Zambrano, llegó a los suburbios de la capital en los momentos en que murió el Presidente López Gutiérrez. En mediados de marzo estaba la República en poder de la revolución, exceptuando los departamentos de Tegucigalpa, Choluteca y Valle.

A la muerte del Presidente López Gutiérrez, medió el Cuerpo Diplomático entre el Consejo de Ministros que se hizo cargo del poder y el jefe revolucionario, con el objeto de evitar derramamiento de sangre, y se pactó un armisticio de tres días, que desgraciadamente no condujo a ningún arreglo. Entonces llegó el señor Summer Welles como representante personal del Presidente Coolidge, quien provocó una conferencia en que estuvieron representados los demás gobiernos de Centroamérica y los dos bandos contendientes. En el revolucionario ya estaban incorporados Carías y Tosta. La conferencia se reunió en Amapala a bordo del buque de guerra americano "Tacoma". Los combates siguieron en Tegucigalpa, porque no hubo armisticio y la plaza fue tomada por asalto el 28 de abril, noticia que tuvo el señor Welles por inalámbrico y antes de que la supieran los demás representantes, hizo aceptar al general Tosta como Presidente provisional. Este fue un grave error, que tal vez ha sido la causa de todas las desgracias que han sobrevenido en Honduras. Esa designación violó la doctrina consignada en el pacto celebrado en la Conferencia de Washington, que contiene la estipulación de no reconocimiento de un gobierno en que el Presidente haya sido jefe revolucionario, aunque haya sido electo popularmente, y menos debió ser designado Presidente por los representantes de los países signatarios de aquel pacto y del Gobierno americano, que ha declarado hacer suya la doctrina contenida en tal estipulación, el señor Tosta, uno de los principales jefes de la revolución.

Uno de los primeros decretos del Presidente provisional fue asumir la dictadura, mandando convocar una Asamblea Constituyente para dar al país una Constitución, como si nunca la hubiera tenido. Fue una grave inconsecuencia, porque se habían levantado contra una dictadura y en defensa de la Constitución existente; y la revolución aparecía creando otra más absoluta e injustificable, porque el país ya estaba en paz. Pero a pesar de esa monstruosa inconsecuencia, los gobiernos mediadores aceptaron como bueno ese Gobierno dictatorial y le dieron su apoyo moral y algunos hasta material. Fue chocante que el Gobierno de un pueblo que se precia con razón de ser modelo de democracias, sancionara esa violación de todo principio democrático, no obstante que pocos meses antes el Departamento de Estado americano había ordenado a su ministro en Tegucigalpa cortar relaciones con el Gobierno de López Gutiérrez al convertirse en dictador.

A pesar de todo, si el Pacto de Amapala se hubiera cumplido, habría podido asegurarse la paz, porque los estragos causados por la guerra que acababa de pasar, mayores que los de cualquiera otra, tenían horrorizado al pueblo hondureño; pero desgraciadamente fue violado en casi todas sus estipulaciones. Se estipuló que el Presidente Tosta gobernaría de conformidad con las leyes vigentes, y se creó la dictadura; se estipuló que habría garantías completas para todos los hondureños y fueron tratados como enemigos y perjudicados en sus personas y bienes, aún más que los vencidos, los afiliados al Partido Liberal Constitucional, que habían permanecido neutrales, y hasta muchos de los que se habían incorporado a la revolución; se estipuló que el Gobierno sería mixto, de los tres partidos que habían tomado parte en la lucha cívica, y el Presidente Tosta, exceptuando los tres ministros que tuvo que nombrar en el primer momento, y muy pocos subalternos afiliados a otros bandos, dio la preferencia a los del bando cariísta, al cual él estaba afiliado. Ferrera protestó por la violación del pacto y quizás se hubiera corregido el mal si los gobiernos mediadores que se habían constituido garantes de su fiel complimiento, lo hubieran exigido o retirado el apoyo moral que estaban y siguieron dando al Gobierno de Tosta.

Ese fue el primer caso en la historia de Honduras en que el triunfo de una revolución no ha devuelto la paz instantáneamente. Todos los ánimos estaban inquietos con la perspectiva de la renovación de la guerra. Sin embargo, hubo un momento en que se creyó conjurado el peligro, porque Ferrera, en acuerdo con Carias, Tosta y Martínez Funes, los cuatro principales jefes de la revolución, convinieron en la candidatura única del doctor José María Casco, aceptación de parte de Ferrera que indicó que él prefería no llegar a las armas, pues el señor Casco había sido persona prominente en el partido cariísta, presidente del Comité Central; pero como hombre honrado, inteligente e instruido y contando con el apoyo unánime de los jefes militares, habría podido hacer el Gobierno que se necesitaba para el restablecimiento de la tranquilidad. Desgraciadamente el general Carías fue aconsejado por los intransigentes de sus amigos para que no renunciara su candidatura, pues la objeción que hacia el ministro americano de que no sería reconocido aunque fuese electo, según lo pactado en Washington, era opinión personal del ministro y no del Departamento de Estado: que una vez electo, el Departamento se inclinaría ante el hecho consumado, bastando mandar a un agente hábil a Washington. Esto lo publicó el diario "El Cronista", de Tegucigalpa, periódico nada sospechoso de parcialidad en contra de Carías, como que fue el generador de su candidatura y de la agrupación que la ha venido apoyando. Además, deben de haberle agregado como argumento convincente el ejemplo de la Presidencia de Tosta, reconocida a pesar de hallarse en el mismo caso.

Carías siguió el consejo de sus allegados y rompió el pacto que había sido escrito y firmado por los cuatro jefes. Ferrera se levantó en armas y con ello vino la segunda etapa de la guerra civil en Honduras, que duró de principios de agosto a principios de noviembre de 1924, con todo el cortejo de desastres de todo género. Ya una vez antes había roto Carías otro pacto con Ferrera, el llamado de Tiloarque, celebrado durante el sitio de Tegucigalpa, en el que convinieron en nombrar Presidente provisional al doctor Fausto Dávila; pero reconociendo a Carías como jefe supremo de la revolución, mientras el Presidente recibía el poder. Dávila fue desde aquí, de EE. UU., donde se hallaba, a recibir la Presidencia, llamado por los jefes contratantes; pero al llegar allí, Carías se negó a entregarle el poder, y quedó abierto un abismo entre Carías y Ferrera, que está lejos de llenarse con toda la sangre que se ha derramado y seguirá derramándose. Y es de advertir que Dávila era también un afiliado al partido cariísta, a pesar de lo cual fue aceptado por Ferrera; y que aquel pacto causó gran descontento a los amigos de Ferrera, principalmente por el reconocimiento de Carías como jefe supremo de los ejércitos revolucionarios, de lo cual se aprovechó para quedar desde entonces de hecho con el poder público en sus manos.

Terminada la segunda campaña revolucionaria al traspasar Ferrera la frontera de Guatemala en noviembre (1924), los vencedores pensaron en la elección definitiva de Presidente. Mucho costó a Carías resolverse a desistir de su candidatura; pero al fin parece que se convenció de que su Gobierno no sería reconocido aunque se hiciese elegir y se reunieron los tres principales jefes militares, Carías, Tosta y Martínez Funes para escoger candidato. Sin duda, lo que hizo que Carías tomase la decisión fue la presentación de un memorándum del ministro americano, ratificando el propósito de su Gobierno de no reconocer la elección de ninguno de los jefes revolucionarios.

LOS ROSTROS DE LOS CUATRO GENERALES DE LA REVOLUCIÓN

Tiburcio Carías Andino: primer jefe de la revolución.

Gregorio Ferrera, segundo jefe revolucionario.

General Vicente Tosta, tercer jefe de la revolución.

General Francisco Martínez F. cuarto jefe de la revolución.

www.ingramcontent.com/pod-product-compliance
Lightning Source LLC
Chambersburg PA
CBHW071153130626
46553CB00004B/1644